# 村山士郎教育論集

## Ⅳ

## 生活を耕し、
## 心を解き放つ生活綴方

本の泉社

村山士郎教育論集　第四巻

# 生活を耕し、心を解き放つ生活綴方

村山士郎　著

本の泉社

# 『村山士郎教育論集（全六巻）』の刊行によせて

『村山士郎教育論集（全六巻）』（以下、「六巻論集」とする）は、村山がこれまで書いてきた著書、編著、共著で発表してきた諸論文、また、雑誌誌上の諸論文（一部未発表論文を含む）を次の六つのテーマや対象にそくして、一巻・子ども論、二巻・いじめ論、三巻・少年事件論、四巻・生活綴方論、五巻・教育実践と教師論、六巻・学校づくりと社会主義論、に再編集したものである。

研究者の「六巻論集」というと、その研究者に学んだ人たちによる集大成として刊行されるのが常であるが、私の場合、二つの点で異なっている。その一つは、この論文の選択、編集と解説の執筆を自分でやっている点、もう一つは、「六巻論集」は、研究者や学会に向けられているというよりは、現場の教師、学童保育の指導員、父母・住民に読んでいただく視点から再整理されたものであることである。歌手の六枚組「ベストアルバム」のようなものと受けとめていただければよいかと思う。「六巻論集」は、村山の過去の論文をまとめる性格上、以前買い求めていただいた本の中の論文を読者のみなさまには再度求めていただくことになってしまうことをお許し願いたい。

この「六巻論集」の諸論文は、次のような意図を持って書かれている。

第一は、子ども・学校・教師・教育の現実と今日的な課題を追い続けていることである。社会問題化した子どもの事件、教師たちの実践的取組、学校での新しい実験など、その時代の課題に向きあおうとしている。

第二は、子ども論、学校論、実践論、教師論など、いずれも事実を丹念にあつめて、その事実のもつ意味を整理しようとしていることである。その方法として、子どもの作品に依拠し、また、観察・聞き取り調査的方法を取り入れてきたことである。ロシア・ソビエト研究においても新しい資料の発掘により通説を組みかえてきました。

第三は、多くの問題に批判意識を持ち、その批判の根拠となる理論の構築に努めていることである。しかし、意図に反して、収録した論文を再読してみると、未熟・未完成のものが多く、理論的な弱さに気づかされる。また繰り返しも多く見られる。それが、どんなに未熟であろうとも、これまでの自分の研究の現実であり、この現実から今後も研究を続けていきたい。

これまで私の論文を掲載していただいた多くの雑誌、また、つたない論文を本にして出版していただいた多くの出版社にお礼を申し上げたい。また、出版業界が困難な時期に、「六巻論集」の出版を快くお引き受けいただいた本の泉社の比留川洋社長に深く感謝申し上げたい。

最後に、私の研究生活を長年ささえてくれた妻・惠子に、この場をかりて「ほんとうにありがとう」と心からお礼をのべたい。

二〇一五年四月

村山士郎

# 四巻のはじめに

四巻には、生活綴方実践論にかかわる論文が収録されている。

第一部は、私の生活綴方研究において原点になった論文を配置してある。論文「生活綴方実践は、今、何を深めるべきか」は、私が生活綴方関係で最初に共同編集した『生活綴方実践の創造』（民衆社、一九八一年）におさめたものである。未熟な論文であるが、この時期の村山の意欲がにじみ出ていて、その後の課題が提起されていた。続いて、鈴木久夫の『京子よ泣くな』、津田八洲男『5組の旗』、黒藪次男『ぼくこんなにかしこくなった』の実践を分析した論文が並んでいるが、これらの実践は、私にとって「生活綴方の源流」であった。

第二部は、日本作文の会常任委員会の一九五〇年代から六〇年代の作文教育指導論の批判的検討である。とりわけ、日本作文の会「一九六二年活動方針」が提起した作文教育の指導観をめぐる問題を批判的に検討している。その時期の日本作文の会常任委員会の指導論や作品読みは、機械的認識論・反映論におちいって、戦前の生活綴方が切り開いてきたリアリズム論から原理的に交代していた。

第三部は、今日の生活綴方の実践的課題についての論文である。学習ノート的なものもある。私には、「生活綴方の教育学」を書いてみたいという夢がある。今日の段階では、その大まかな構成は、つぎのようなものである。

1．子どもの作品論（現代日本の子どもの生活誌）

2．生活綴方表現のリアリズム論とその哲学的基礎
3．生活綴方とことば・表現（主に内言論）の発達
4．学力の意味論的要素と綴方表現
5．生活綴方と共感的受容論
この論集に収めた諸論文を足場にこれからも夢を追いかけてみたい。

私の教育研究にとって、子どもたちの書く表現物（作品）は、子ども研究においても、いじめや少年事件の研究においても、教育実践論においても、研究にリアリティーをあたえてくれているものとなった。それは、私の研究にとっての「生きた命水」のように働いている。その生活綴方実践の世界に導いてくれた全国の先輩や仲間の教師たちに感謝したい。

生活綴方は、日本教師たちが生み出した世界に誇れる教育文化である。私は、「もし、教育の分野での『世界文化遺産』があるとすれば、日本から登録したい教育遺産は生活綴方教育である」（拙書『現代の子どもと生活綴方実践』二〇〇七年の「はじめに」）と書いたことがある。しかも、その生活綴方に心をつくした教師たちは幾度にもわたる国家権力からの弾圧にあっても、学校社会で不当な差別を受けても、子どもたちの真実の声を何よりも大切にして生活綴方の灯火を消さないできた。今、日本が再び「戦争のできる国」にしようとする策謀が強まっている時代に、生活綴方の教育魂はあらためて光を放さなければならない。

# 目次

# 第一部　戦後生活綴方実践の源流

# Ⅰ　生活綴方実践は、今、何を深めるべきか

## 1　ことばの中に人間的生活を

生活綴方教育の目的のひとつは、すべての子ども・青年に生活に根ざした豊かな日本語を獲得させることがある。子ども・青年の発達のゆがみが指摘されている中で、ことばの中にも「ことばの虫歯」「ことばの背骨のゆがみ」「ことばの扁平足」「ことばの非行」などにたとえることのできる諸現象――ことばのゆがみと貧困――が進行しているのではないだろうか。ヒトが人間になっていく上で、また、人間がものを考えたり人間的感情をもつための根幹であることばのゆがみは、人格のゆがみそのものをあらわしているのではないだろうか。

一九八〇年、二〇才の予備校生が両親を金属バットで殴り殺した事件で、あの青年は、「おとうさん」「おかあさん」ということばを知っていただろうが、そのことばが両親殺しを思いとどまらせる内実をともなった「おとうさん」「おかあさん」ではなかったのではないだろうか。あの青年は、ことばは知っていながらそのことばの真の意味とそのことばに含まれる人間的感情をわがものとしていたとは

いえない。少なくともあの事件を起した時点においてはそうであった。今日、子ども・青年がことばをわがものとする―獲得― ことは、子ども・青年のことばのみなもとである人間的生活をとりもどす仕事を含んで、人間的感情をよびもどし、人間的連帯を育てる基本的な仕事となっている。子ども・青年のことばのゆがみと貧困は、綴方の生活表現にも反映し、その質を規定している。

今日の綴方実践は、子どもに自己の生活を直視させ、それをことばでとらえさせることから出発しなければならない。生活の事実に根ざし、人間的感情を含んだことばを獲得させることは、生活綴方実践の重要な課題である。しかし、今日の子ども・青年のことばのゆがみと貧困の問題は、実践家の間からも指摘されている。それらの指摘を整理してみるとそこには次のような傾向性をみることができる。

第一に、ことばは人と人との間の交流・伝達的機能をもっているが、この側面が貧困になっていることである。名詞だけ、単語だけで自分の意志を表現しようとする子どもが増えている。ことばは単なるサインでしかない。これは、家庭や学校の生活の中でついつい親も教師も名詞や単語ですましてしまうことと無関係でない。同時に、家庭や学校の中で、単語や名詞だけですむ程度の会話しか交されない、そういう生活をしているという貧しさの問題である。単語でしか話せないことは、子どもの言語能力の幼さのあらわれでもある。

第二は、ことばが生まの事物に対応せず、生活体験にうらづけられず、ことばがやせ細り抽象的になっていることである。ことばと生活の分離が進んでいる。少し前の子どもたちであれば当然知っていた生活の中のことばを知らないままに育っている。そのことばに対応する生活自体が子どものまわりから消えているのである。また、自分の生活体験にうらうちされずにことばを獲得していることもゆがみをもたらしている。たとえば、多くの子どもたちは牛を絵本やテレビの中でおぼえる。子どもにとっては怪物のように大きい牛の量感、におい、油っぽい毛なみ、などが抜けおちた牛が子どもの中でウシということばとなっている。加えて、早期からの文字学習の中で、ウシは「あいうえお」の「う」と結びつけられくり返しおぼえさせられている。

生活の事実や体験から切り離され、やせ細ったことばは、逆に、子どもたちがそのことばをとおして生きた事物や生活をおもいおこすことを困難にしている。必要なことは、ことばを豊かな生活づくりの問題として子どもたちに獲得させることである。

第三は、生活の事物や体験にうらうちされない借り物のことばが多くなれば、流行語やムード的表現ですましてしまう傾向が強くなる。会話の中に、しゃれたことば、ユーモラスな表現、とぼけた味、はぐらかしなどを多く用い、一見、言語表現が豊かにみえるが、そこには、自然らしさが失なわれ、自分の本音を自分のことばで表現できず、リアルな現実からかけ離れて、生活実感をともなっていない。この傾向は、人間が驚いたり、うれしかったり、悲しかったり、苦しかったりする感情をそれにみあったことばを選んで表現することにむかわせず、表現の単純化、画一化を進める。そして、人間の細やかな感情を受けとめる能力を衰退させ、表面的な人と人との交流にとどめる。

同質の問題として、今日、とりたてて注意しておく必要があるのは、低俗な性的なことばへの子どもたちの異常な関心とその低俗な性的なことばを媒介にした「連帯感」を生んでいることである。流行語やムード的な表現や低俗な性的なことばは、いずれも、人間の人間的感情を表現することを困難にしているばかりでなく、人間的愛情をわかりあい、うけとめることをも困難にしているのである。

以上、要約してのべてきた今日の子ども、青年のことばのゆがみと貧困が問題なのは、人間そのものの発達のゆがみへ反映せずにはおかないからである。

「ことばが、人間のありようを規定することもある。そのような言語を使うことによって、人間は拘束され、一定の型にはめられていく。そのことばがあることによって人間をそのことばのように作っていく。そういう見方をするようになってしまう」（寿岳章子『日本語と女』岩波新書）

子どものことばのゆがみと貧困は、社会的なゆがみの反映であると同時に、そのゆがみと貧困のありようが子ども・青年のありようとなつていく。この現象がどのように進行しているのかを、大量の子どもたちの生活表現の中から明らかにし、正しく生活に根ざした豊かなことばを育てていくことは、今日の生活綴方の実践的な課題である。この課題との関連において「子どもの作品にあらわれたことば・表現」白書づくり運動を提案したい。

## 2　ことば、表現、生活綴方
### ―真壁仁の教育論に学ぶ―

今日の子ども・青年のことばにゆがみと貧困をもたらした原因は何であろうか。それは、現代日本の地域社会と生活の変貌、及び新しい貧困化の諸現象の本質部分と深く結びついている。ここでは、地域の変貌を人間の問題として鋭い分析を続けてきた詩人・真壁仁の諸論に学んでおきたい。氏は、一九六〇年代以降の日本の地域政策や農業政策の進行は、「ことばによるムラのうちこわし」であったと把握する。政策のことばは、はじめからムラに生きるものとの対話や交流を拒んでおり、ムラでつくり出された生産技術のことばを否定し「農民がことばを生み出すことをやめさせ」るものであった。（『野の教育論（上）』民衆社、一二四〜一二九頁。以下『野の教育論』からの引用は、真壁、上、下、続、頁と略記する）

「ことばの中のムラ、ことばの中の地域は固有の価値をもっている。（略）独自のことばを考え、創り出す力とそのはたらきが大事なのである。それを農民が失ったときムラを失ったのである」（真壁、上、一三一頁）

農民がことばの中からムラを失う過程は、子ども・青年の発達と形成にとっての価値としてのムラを失う過程でもあった。子どもたちにとっては、地域での自然と集団を貧しくし、労働への参加とあそびの主体であることをやめ、生産に根ざした技術や地域の民衆文化から断絶する過程であった。それを失うことによって、子どもたちは、生活の実感に根ざしたことばを貧しくしていった。そして、逆に、マンガやテレビのことばが子どもたちの生活を支配し、そのことばを子どもたちがあたかも自分たちのことばであるかのように使いはじめた。それは農村問題ではなく、日本のすべての子どもたちの問題であった。

「ことばの中にムラを失う」という表現には、真壁のことばをとおした人間観が凝縮されている。

真壁は、まず、民衆のことばに単なる伝達的機能だけでなく、「相手の心にひびいていって感銘をあたえながら意味を伝えるような役割」（真壁、上、一四一頁）を与えている。ことばの中にムラを失うことは、人と人との心をひびかせる交流を含んだ人間関係を消失することを意味した。

次に、ことばは共通の文化創造の原点にあると把握されている。ことばは、「生活共同体の中で、みんなの共通体験を手がかりにして共通理解の文化」（同前、一四二頁）にしたものである。民衆がことばの中からムラを失うということは、地域の民衆文化、生活文化を失うだけでなく、それを創造する民衆の力それ自体を失うことを意味している。

最後に、ことばは「深く自己を表示し、自己を表現し、人間的感動を伝える」（真壁、下、二一四）役割をはたす。ことばの中にムラを失うことは、民衆自身が自己表現することをやめてしまうことを意味している。

真壁は、民衆のことばをとおして、民衆の生活、民衆の生き方そのものを問うていたのである。真壁にとって、生活綴方は、右の課題の延長線上にとらえられている。教育をとらえる観点は、このムラに出発し、ムラにたちもどってくる。

真壁は、北方性教育運動の遺産にふれ、かれらが「生活台の真実から出発した言語的真実」を求め、ことばの中に生活知性と生活意欲を追求したのは「ことばは、生きるいとなみそのものである。生きるための訓練である。あるいは具体的な生き方である。」（真壁、上、二二三頁）という把握によるものであるとのべている。こうして、氏が「ことばは、生きるいとなみそのものである。」「書くことはたたかいである。あらゆる障害と圧迫を覚悟で、問題の実感をあきらかにしていく勇気である。」（真壁、下、四九頁）というとき、それは、真壁の野に立つ自己形成史にうらうちされている。

ことばの中から失なわれたムラ ― 人間的自然・生活・文化 ― をとりもどす仕事、生き方の獲得としてのことばの獲得、これは、生活綴方の本質的課題ではなかったか。そして、真壁において、ことばを獲得することによってことばの中にムラをとりもどすことは、人間にとっての本質的意味をもつ実践として把握されている。氏は、『山びこ学校』の生活綴方がもっとも評価されるべきところは、それが「表現行動」をもっていたことであるとのべている。詩や綴方を書くこと自体を「行動」＝固有の実践としてとらえる。そこから、綴方や詩を書くこと、「その制作過程に、人間・生活・社会の実際を解きほぐしてゆく意識の成長」（真壁、続、九四頁、傍点 ― 筆者）を求める。綴方におけるありのままに現実を描くことの意味づけも、表現過程における生活の再構成として把握される。それは、表現以前の生活を新たな生活に再構成することを生活表現に求める。この創造的過程を表現行動ととらえるのである。この創造にむかう力を、真壁は「真実にむかう勇気」であるととらえいる。

「およそ個人の家庭と村とに反映している社会悪のなかで、貧困に堪えて働きつづける現実をありのままに描くということは、それだけで大変な勇気である。それは自己をあばく勇気だからだ。虚栄や偽善やエゴイズムを否定する道徳的な勇気だからだ。この自分をあばき、えぐる勇気こそ、文学の真実性をささえる根底の力である。」（同前、九五頁）

表現行動の中でつちかわれる「真実にむかう勇気」の高揚は「矛盾や困難にみちた現状を打破しようとする行動の意欲」へと発展する。『山びこ学校』の綴方は、村と個人の生活をありのままに表現したが、その課題は、生徒たち自身が責任を負わねばならないものとして行動を必然化させている。『山びこ学校』の綴方の表現行動が多くの人々の共感をよびおこしたのは、提起している課題の生活性・社会性とそのラジカルさを表現の質において説得していることであろう。

「息ぐるしい現実との対決をなまのままで問題にするのでもなく、あらかじめ用意された理論で割り切るのでもなく、生徒ひとりひとりが誰でももっている生活の中に環元して、創作のよろこび（それはたしかに苦痛を通しての）を味わわせながら果している。具体的な問題から理論を見つけ出し、個の問題を全体に結びつけている。また、感性の世界にふかく知性のおもりを垂れさしている。」（同、九七頁）

真壁は、こうして生活綴方を「自己を対象化し、自己の内部世界を凝視する態度」「自己認識の力」（真壁、下、三六〜三七頁）を育てる「人間教育のすばらしい技術」（真壁、続、九六頁）であるととらえる。

真壁のことば、表現、生活綴方の把握から今日の生活綴方実践は何を学ぶことができるのか。

第一に、地域社会と生活の変貌が人間に与える影響をことばに焦点化してとらえる方法である。そして、今日、人間にとってのことばの獲得は、人間的自然、生活、文化の再生へ実践化していくことでもある。これは、今日の子ども・青年の発達上のゆがみをことばの中にみていくことの重要性を示唆している。こうしたことば観は、生活綴方の目的のひとつである豊かな日本語をすべての子どもに保障していくことの現代的意義と課題をとらえる方法を与えてくれる。

第二に、「現実をありのままに書く」表現過程の固有の意味を深くとらえていることである。ありのままの現実の直視にはじまり、あるべき生活の探究にむかわせる表現過程における書き手の内面的緊張が創造する力を生み、生き方の姿勢と勇気を強める。そこに、書き手の生き方の発達がもたらされる。

本書（『生活綴方実践の創造』民衆社、一九八一年）が、表現技術の指導と表現各過程の指導に多くのスペースをさいているのは、表現技術や表現各過程に「現実をありのままに書く」生活綴方の目的と思想をつらぬかせようとする意図からである。この点は、一部に根づよく存在し、また、そこに入りこんでいく危険をともなっている表現指導の形式主義を克服する上で重要である。

第三は、生活綴方を「表現行動」として把握していることである。それは、第二でのべた表現過程を含んで、さらに、表現された現実の課題を自分自身でになって解決していく行動の必然化である。それは、現実の生活を教育の中にもちこみ、その否定的現実をも教育のねうちに変え、逆に教室を社会に開いていくことを生活綴方の本質過程とすることを意味する。しかも、このことが表現の質を高める指導によって達成される、とおさえられている。

以上の三点は、今日の生活綴方実践が直面している課題であり、その理論化のためになお多くの課題を残している。

## 3 生き方の発達と生活の見通し

生活綴方は、子ども・青年の生活表現の指導をとおして生き方を探究するところに本質がある。そのために、生活綴方は、生活の事実・現実を主題化し、自分のことばでありのままに書き綴ることを求める。生活綴方における生き方の探究は、地域や現実の実生活の見通しに自らの生き方の方向をさおさす努力である。生活綴方である。この自己の生き方と地域と実生活の展望を結びつけて追求するところに生活綴方の真価がある。

現代の子ども・青年にとって現実の生活を直視し、その生活への自己の緊張した関係をつくりあげ、それが自己の生き方を方向づける内実にまでしていくことは容易なことではない。実生活はみえにくいもの、とらえにくいものに変貌している。

子ども・青年の生き方の探究を現代の教育実践の中核的課題として提起し、その解明に力をそそいできたのは坂元忠芳である。氏はこの課題を小砂丘忠義・村山俊太郎を引きつつ生活綴方にそくして次のようにのべている。

「『《生き方》の構成』とは、子どもの生活を組織するなかで、子どもの内面にねうちのある動機―目的の体系を次第につくり上げていくことである。そして、動機―目的の体系こそ、人格の核心である。生活綴方における『生き方』の発達論とは、綴方の表現の発達のすじみちを探究することによって、このような動機―目的の体系の内面的形成のすじみちを明らかにすることである。」（坂元忠芳『子どもの発達と生活綴方』青木書店、一五九頁）

今日の生活綴方実践の困難のひとつは、この内なる生き方への動機及び目的の体系が客観的な外なる生活と地域の見通しを教育の論理としてどう反映させることができるのか、という点にある。生活や地域の見通しが困難なところで子ども・青年の生き方をどう育てるのかという問題である。六〇年代以降、北海道十勝の農民が農業から切りはなされ都市生活者となっていった実像を追跡した『離農―その後、かれらはどうなったか―』（天間征継著、NHKブックス）をひとつ読んでも、現代の生き方の見通しがいかに困難であるかにふれることができる。ここで、筆者は、生活や地域に見通しがなければ、子ども・青年に生き方を教えることはできない、ということを機械的に強調しようとしているのではない。生活綴方は、生活や地域のマイナスを教育のねうちに変え、生き方を学ぶのである。

問題にしているのは、生活や地域の展望を切り開く民衆の苦闘の実践が教育にとっての、したがって子どもの生き方にとっての、見通しやねうちを創造するのであり、そのにない手を形成するという実践構造を生き方の発達論の中でどう展開するのか、ということである。子ども・青年の中に生きる見通しを示しうる生活や地域の見通しを「教育」する実践を、教育実践の内的問題としてどう構成できるのかという問題である。

この点で山形の劔持清一実践は注目に値する。それは、地域の展望を切り開く農民・労働者の運動と学習に学びながら、その運動と学習が切り開いた展望を子どもの生き方に結びつける ― 地域の見通しを子どもたちのなかに育てようとしている山形県農民大学運動であった。

生活や地域の見通しを切り開く農民・労働者の運動・学習の創りあげるものと子ども・青年の生き方が求めるものとダイナミックな結合による教育実践の骨格は、七〇年代においてどのように発展・深化させられたのであろうか。ここに、現代生活綴方実践の困難があり、したがって切り開くべき実践的課題がある。

戦前・戦後の生活綴方実践の歴史は、実は、この課題との苦闘の歴史ではなかったか。子どもの生き方を生活綴方によって探究した典型のひとつは北方性教育運動であった。北日本国語連盟の「北方性とその指導理論」では、「正しい生き方は現実の歴史的な、社会的な眼から導かれなければならない」とのべられている。北方性教育運動の生活綴方実践において、子どもの生き方の発達論はどのように着意されていたのだろうか。

生活表現をとおして子どもの生き方の中に生活と地域の見通しをどうつくりあげていくか、という生活綴方実践の課題は ― たとえば『山びこ学校』の江口江一の「母の死とその後」はその代表的な作品である ― その後どのように発展させられてきたのかは興味深い今後に残された課題である。

## 4　生活への共感から連帯へ

生活綴方教育は、子どもに書きことばによる生活表現を豊かにしていく指導をとおして、ひとりひとりに正しくかつ個性豊かな日本語の文章表現能力を育てることを第一の目的とする。そして、生活表現活動をとおして、子どもたちの生活認識を確かなものとし、生き方の探究にむかわせる。

生活綴方の表現対象は、基本的に自由であるが、どんな事物や現実を表現する場合でも、それを生活との関係で主題化するところに生活綴方のゆえんがある。自然や花や鳥、あるいは夢や空想をも題材にしていくが、その場合でも現実生活や自己の内面生活との結びつきにおいて主題化することを要求する。こうした意味でねうちのある題材へむかわせる指導を位置づける。

生活綴方において生活という場合、それは、現代社会における生きた生活をも意味し、その家庭や地域の実生活をみつめさせ、積極的に表現させる。北方性教育運動では「生活台」の上に子どもたちの教育を構想しようとしていた。子どもたちがこの実生活の矛盾から目をそらさず、正面から受けとめる勇気をもち、その真実を重荷として背おわさせるところに生活綴方の真髄がある。

生活綴方はありのままの表現を求める。ありのままに書くことは、単に、くわしく書くことではない。どんなに精密にくわしく書かれたものでも、そこに書き手の心の動き、見方、感じ方、考え方が表現されていなければそれは豊かな表現とはいえない。ありのままとは、書き手の内面の真実の表現である。綴方におけるありのままとは、生活現実と自己の内面のありのまま―真実― の表現であると同時に、ありのままの生活、ありのままの自己を直視することによって、あるべき生活、あるべき自己を探究する。生活綴方は、この「ありのまま」を重視し、リアリズム論として深めてきた。

近年、生活綴方の実践や理論の中に「ありのまま」と「くわしく書く」ことと明瞭に区別をしない軽卒な論述がみられることは残念なことである。逆に、この傾向をとらえて、文芸研の一部に、綴方の「ありのまま」は、自然主義リアリズムであると批判する論があるが、これは、生活綴方の歴史遺産の一面的評価から出ているもので同意することはできない。（『文芸教育』No. 三三号、八一年七月、拙論「生活綴方におけるリアリズムの問題 ― 西郷氏の『ありのまま』批判の前提を論ず」参照）

子どものありのままの生活表現は、生活体験の共有化、本音での人間的交わり、そして、子どもたちの連帯感を呼びおこす。「ひとりの喜びがみんなの喜びとなり、ひとりの悲しみがみんなの悲しみとなる」は、この連帯感をあらわした生活綴方の合言葉であった。綴方は、ひとりひとりの生活のありのままの表現を組織し、個の内面を育てながら、ひとりひとりの個を原点に、となりの人、クラスの人、家族、地域の人々と生活の喜びと悲しみと交流させ、それに共感・感動する子どもたちを育てようとしてきた。しかも、この共感と感動をものの見方、考え方、感じ方、生き方の指導と結びつけ、連帯へと発展させてきた。かつて、生活綴方の「ひとりの喜びがみんなの喜びとなり、ひとりの悲しみがみんなの悲しみとなる」をとりあげ、それは情緒主義であるとか、反封建イデオロギーにすぎないとか、組織論をもたないため集団を育てえないとか、の批判がなされた。生活綴方における実生活をくぐりぬけた共感と連帯は、情緒主義的といって簡単に切り捨てることのできるものでないことはますます明瞭になっている。とりわけ、今日、子どもたちは何に喜び、何を悲しむべきかという人間的感情を生活の事実にもとづいて育てることは大変な課題となっている。現代社会において、人と人との共感をともなった交流がきわめて困難になってきている。この傾向は、家族の間にも浸透してきている。小さいときから仲間と思い切り遊んだ経験に貧しく、テレビに支配され、受験競争による生活の一面化の中で、子ども・青年の精神的孤立感が生れ、それは大きな重圧となっている。この重圧が子ども・青年の衝動的行動としてあらわれている。子ども・青年が日々に生きている中で、かれらのよろこびや悲しみの質を生活の事実からしっかりとらえさせることはきわめて重要になっている。この生活の現実・事実のありのままに正面から向かいあった表現をとおして、共感から連帯を育てるすじみちを組織論に立脚した集団的活動が育てる能力や意識より低位のものとみることは人間の機械的な把握である。

生活綴方における共感から連帯を組織する指導において、教師の作品を読みとる力は決定的に重要である。「文をとおして子どもをつかむ」は、綴方実践のいついかなる時でも不動の原則である。

こうして、生活綴方実践は、生活の真実の表現を引き出し、ひとりひとりの子どもがその表現行動の中で自己の生活をとらえ返し、その表現されたものを仲間と共有していく活動へと発展していく。生活の事実にうらづけられた共感から連帯へのすじみちは、現実の生活の困難や矛盾を正面から受けとめた民衆の生き方にしっかりと結び合わねばならない。ここに、生活綴方実践における生き方の探究のみなもとがある。

生活綴方は、教育の危機のなかでその真価を発揮し、発展してきた。その意味で、今日の教育実践・運動において生活綴方実践の任務はきわめて大きい。生活綴方実践は、これまでの伝統と遺産のもっとも価値ある部分を正統に継承し、数々の感動的な実践や論議をふまえ、批判すべきは大胆に批判し、新たに補強すべきものはしっかり組みたて、強じんな発展を期さねばならない。そして、日本の生活綴方教育運動が、諸々の相違点は相違点として活発に論議を組織しながら、教育の危機に抗して、ひとつの大きなうねりをつくりあげていくことこそ歴史的責務となっている。

（一九八一年）

# Ⅱ　子どもが生活現実を見つめるということ
## ―鈴木久夫『京子よ泣くな』を読む―

### はじめに

七〇年代の教育実践・教育運動において共通に自覚されたテーマのひとつは、「地域に根ざす教育」であった。このテーマは、地域の過疎・過密問題に典型的にあらわれたように、一方では、農村の経済・社会の構造的変化にともなう自然破壊、共同体の崩壊、生活様式や人々の生活意識の変化が子どもたちのからだ、あそびや生活、学習意欲、生き方に深いゆがみを与えはじめ、他方、子ども・青年の発達にとっての環境の貧困化を放置したまま都市化現象が急速に進行したことと深く結びついている。こうしたテーマのもとに、農村地帯の教育実践では、崩壊させられていく地域の自然、生産、生活文化の教育的意味をあらためて見直し、子どもたちに伝えていく仕事、地域の変貌の原因を事実にもとづいてリアルにとらえさせ、その中で生きぬく民衆の姿を学びとらせる仕事、そして教育の中で地域の再生を考え子どもの生き方を共に考え合う仕事、等がくりひろげられた。こうした教育実践・教育運動の課題をいやがおうでも教師と学校に突きつけた問題のひとつに、六〇年代以降に社会問題化した「出かせぎ」がある。

鈴木久夫氏編著の『京子よ泣くな ― 出かせぎ地帯の教育証言 ―』（山形・みどり書房）は、その先駆的な実践記録である。出版されたのが一九六九年であるが、実践は六二・三年から六八年までの時期におこなわれたものである。

## 1 「出かせぎ」が提起した教育課題

鈴木久夫氏が山形県朝日町西五百川中学校に赴任したのは一九六一年である。六〇年代以降の日本の農業に決定的影響を与えた「農業基本法」は、その年の一二月に公布されている。西五百川地区の農家戸数八一一戸、そのうち専業は七一戸にすぎず、一戸当りの耕作面積は平均、田は三九アール、畑四六アール、合計でも八五アールしかない。鈴木学級のほとんどの生徒の父か母、兄や姉を出かせぎに出すようになる。鈴木氏は、教師としてどうすることもできないようにみえる出かせぎ問題を前にして、ともかく親と子の愛情のかけ橋にしようと「出かせぎ通信」を発行する。生徒たちと農業問題を学び、生活の事実をしっかり書きとめ、そして、遠く離れている父や母に詩と作文の手紙を届けた。

六年生から父と母が突然出かせぎに出た笹井京子は、さびしさをこらえて書き綴っている。

妹　よ

ある夜　わたしは

ふとんの中で泣いている妹を見た
きっと母を思い出しているんだなあ……。

去年、今年と　出かせぎに行った母。

今まで一度も離れたことがなかったのに―

「かあちゃん」

「なんだ京子、睦子」

その答は今はない。

ただ冷いふとんがある。

あの笑顔を思い出すと　やりきれない。

妹よ　泣くな　春になれば会えるのに―


（中学一年）

鈴木氏は詩を書く。教室のうしろの黒板に詩をたやさない。それを「黒板のうた」とよんでいる。（その書きつづけてきた詩は『黒板のうた』山形・みどり新書の会、一九七一年、『みどりの笛はこだまする』涛書房、一九七九年におさめられている）

笹井京子にも鈴木氏は詩でこたえている。

京子よ泣くな

小さな肩にどっしりと／くいいるようなこの重圧は／いったいどこから来るのか、父や母が出稼いだあとの生活は／寒さの冬の苦しみは／いったい誰のためのものだろう。／京子。おまえの頑（かた）くなに結んだ口もとは／わたしにそう語りかけていた。その小さなからだで／小学校六年から中学一年の冬を／笹井一家を支えてきた／京子。／おまえは　いつの日からか／泣くことをひとに見せなくなった。／友だちとカラカラと笑う性格が／京子の持ち前のようになってしまった。／くりくり眼をした浅黒い顔／こじんまりとして太ったそのからだが／一家の冬を支えてきたのだ。／がまんしなけりゃ／なんとかしなけりゃ／八粁（キロ）の雪道を学校から帰ると／子りすのように働きつづけた京子。わたしは　おまえを／どうなぐさめ／なにを励ましていったらいいのだろうか。わたしは京子と考える。／なにがほんとうの勉強だろうか、と。／ゆがめられた生活の中で、それをはねのけ／新しい生活を築く力は／どんな教育の中から生れるのだろうか、と。／京子よ、／苦しみはおまえだけのものではない。／共通の苦しみを寄せあい確かめあい、／そして切り拓く道を／見つけ出さなければならないのだ。／京子よ　泣くな／くりかえす冬の／くりかえす苦しみの／無駄でなくなる日が／かならずやってくるのだ。／泣くな

笹井京子よ。

この二編の詩は、一九六六年の夏の第一五回東北民教研合同集会で読みあげられ、多くの参加者の胸を打った。父と母を出かせぎに送り出している笹井京子の悲しみと「おまえをどうなぐさめなにを励ましていったらいいのだろうか」「新しい生活を築く力はどんな教育の中から生れるのだろうか」と自問

する鈴木氏の苦悩は、この時期の東北の農村の子どもと教師の共通の悲しみであり苦悩であった。

鈴木氏は、激増する出かせぎと残された子どもたちを前にして「教育に対する考え方が、根本からくつがえされる思いがしました。と同時に教育の限界を感じるようになりました」とのべている。しかし、教師はそこにとどまっていることを許されない。子どもがどんな職につこうが生きぬいていく力をつけてやらねばいけない。そのために「現在の生活をハッキリ見きわめ、発展を阻害している諸条件を克服ししていける子ども」にしていかなければならないと鈴木氏は考える。生活をじっくりみつめて綴る詩と作文をとおして、子どもたちの希望と夢を育てなければならないと実践にたちむかう。同時に、授業をとおして子どもたちに知識を伝えることを中心的任務としてきた学校教育は「各教科や、その他の教育活動の中で、この山村の実態を、そこから導き出される地域の課題を、どう教育計画の中に位置づけて実践していくか」が問われ、地域における学校教育の任務、とりわけ教育実践の質の検討の必要が鈴木氏において自覚されている。生徒たちとの学習の中で、「出かせぎはどうすればなくなるでしょう」「私は進学すべきでしょうか、家に残るべきでしょうか」「おれは家に残って百姓をやる」という問いや決意が教師にむけられてくる。教師は、家に残ると決意した子どもを単純にはげましてやることができない。生徒たちの生き方をはげますことと解決できそうもない地域の農業の展望とが切り離ちがたく結びついている。鈴木氏は農業問題の「実態と展望の中で、子どもたちの教育が、ほんとうに生きたものになる」という結論に到達している。そして、一見、この教育の限界と思われる課題に自己の教育実践をむけていく。

私事になるが、筆者は、モスクワの民族友好大学（留学して三年目）を終了した夏、一時帰国した際、

「妹よ」と「京子よ泣くな」が読みあげられた第一五回東北民教研集会に参加していた。開会集会で三人の農民が講演したことも新鮮であった。なによりも、笹井京子と鈴木氏の詩に自分の生きようとしている根本（ねもと）が激しくゆさぶられる感動を受けた。政治や歴史学に関心をもっていた自分が教育の仕事に進もうと思った背景にはそのときの感動も少なからず影響を与えている。私は、この年の一一月に大学を退学し帰国した。笹井京子と鈴木氏の詩は、私の自己形成史の重要な一頁でもある。その後、大学院で修士論文（一九七二年）を執筆した際、冒頭で笹井京子の「妹よ」を引用し、次のように受けとめている。

「われわれは、この少女の詩にきざみ込まれた一字一句にいかなる農村を、家を、そして姉妹を実感をもって想い浮かべるのだろうか。そして、この少女に『出かせぎはどうすればなくなるでしょうか』『家に残って農業につくべきでしょうか、進学すべきでしょうか』と問われたら、何を、どう答えれば良いのだろうか。これは、今日の教育にとっては一つの重要な課題である。

少女の問いは、自らの生き方を農村の展望と密接不可分のものとして提起している。（中略）今日の農村地帯における教育は、地域や農業の見通しをも展望する力と方向を背景とした教育を要請している。われわれは、一少女の提起している問いを、地域や農業の見通しをも展望する力と方向を背景とした教育創造を理論と実践の課題とすることによって、少女への回答を獲得しなければならない」（拙著『山形県における国民教育運動の展開』（修士論文）山形県国民教育研究所、一九七二年、一三～四四頁）

地域や農業の見とおしは教育の力と論理で回答できない部分を含む課題であることはいうまでもない。しかし、教育の名において生徒に、語りかける子どもの生き方、進路の価値性と科学性の根拠はどこにもとめるべきか。その地域の現実の中で生きぬいている人々のエネルギーにこそ、その人々の生き方への意欲とその解決の方向にこそ求めなければならないのではないか。筆者は、教師と農民の運動であった山形県農民大学運動に関心をよせたのは右のような論理からであった。この論理こそ「地域に根ざす教育」の骨格であると考える。それは、北方性教育運動の中で秋田の教師が佐藤サキの綴方「職業」を前にして苦悩を共にした実践や戦後の『山びこ学校』の江口江一の「母の死とその後」を前にして多くの教師がはげまされたことと連続する課題を構成している。同時に、鈴木実践は、農業生産と村の共同体の存立自体が危機にさらされ、地域の自然や生活文化が破壊されようとする政策の中で、また商品文化が大量に農村にも入り、高校の進学率が上昇し、その進学によって農村に残る青年を都市にむけてしまう矛盾の中で、歴史的遺産を新しい現実と直面しつつ継承・発展させる課題を荷なわされていた。

## 2　『京子よ泣くな』は、私の宝物よ

笹井京子にあってみたいと思いはじめたのはいつ頃からであったろうか。

奥羽本線の米沢と山形のほぼ中間にある赤湯駅から長井線が西北にのびている。朝日山系の裾野を流れる最上川にそって長井市、白鷹町、朝日町がある。『京子よ泣くな』の舞台になったのは、朝日町西五百川中学校である。

長井線の終点、荒砥駅で鈴木久夫先生と笹井（現姓小口）京子さんは待っていてくれた。小口京子さ

んは、六八年に中学を卒業したあと、県立荒砥高校へ進学、現在は、白鷹町十王小学校の事務職員として勤務している。結婚して八年、二年生の長女を頭に、五歳ともうすぐ一歳になる男の子のおかあさんである。学校、お店、子どもの間を車で走り回り、テキパキと仕事をさばいていくたのもしい活動的なおかあさんにみえた。

生れた朝日町大船木のとなり町である白鷹町に家をもち、今は、自分の父と母といっしょに生活している。現在の家から最上川ぞいに一〇キロほど離れた生家には、父が毎日のように田や畑の仕事、山菜つみにバイクで通っている。案内された旧家の屋根は新しくふきかえ、窓もサッシに入れかえ、電気はもちろん、電話も切らず、必要な家具も残してあった。

その生家のある大船木には小学六年生までの分校が今もある。かの女は中学になると起伏の多い最上川ぞいの細い八キロの道を自転車で冬は徒歩で通学した。その西五百川中は統合され、今はない。校舎も、まもなく解体されることになっているが、朝日町の送橋小学校が新築工事のために使用している。その送橋小の校長先生が偶然にも鈴木久夫氏である。つまり、鈴木先生は『京子よ泣くな』の舞台になった西五百川中の校舎に、現在、送橋小の校長として勤務している。笹井京子が中学を卒業してから、人々の生活にも、家にも、地域にも歴史がつみ重ねられている。

笹井京子が中学校を卒業してから一四年がすぎている。中学から普通高校に進学することをかの女は何度も何度も考えぬいたすえ決心している。

進　学

先生／わたしはこの道を選んでよかったのでしょうか／ときどきふっと不安になるんです。／父母は満足なのでしょうか／このまま進んでいっていいんでしょうか／わたしは村に残って／働くべきではなかったでしょうか。／わたしの進路をきめるとき／父母はなんにもいいませんでした。／わたしの心の底にチョッピリ／進学したい気持ちがありました／父に話すと／「んだが、がんばらんななな。」／といったきりでした。／これはいったい／わたしにがんばれといったのか／わたしのためにがんばって働くのか／どっちともわかりませんでした。／わたしはこのまいくと、どうなるのでしょう／家に残る気持ちになるでしょうか。／わたしはとても不安なのです／先生教えて下さい。

別の詩でかの女は、自分で選んだ進学への道にほんとうにこれでよかったのか自問し、進学を許してくれた父母を忘れず「自分のやりたいことにむかって精いっぱい進んでいくだろう」と書いている。卒業後の一四年の間に、かの女は何度か、「家に残ること」と「自分のやりたいこと」との矛盾に直面している。小口さんは語ってくれた。

高校時代は家政科クラブに全力をつぎこんだ。クラブの責任者となり「保育園児の栄養について」という研究で県大会をとおり全国大会に行ったことが思い出となっている。三年生になり、自分の進路を決めなければならない時期に友人に紹介されて茨城県の鯉淵学園に見学に行き二泊した。そのときは家の農業をつぐつもりだった。鯉淵学園へ進むことにきめて願書を出す段階で父の反対にあった。「遠くへ出すと返ってこない」という理由からだった。結局、山形市にある農協の講習所（一年間）に入った。全寮制で、教える人も山形大学の教授が多く充実した生活だったという。ところが秋に、友人のさそいで地方公務員の初級試験（学校事務）を父母にかくれて受けたところ、一次に合格した。小口さんの父は、いろいろ考えたあげくに、学校事務職員の仕事を許した。小口さん自身も、結婚退職が多い農協職員より学校事務職員の方に進路を選択している。「自分が進路を決めるときも、職業を選ぶときも、父や母と同居するときも、中学校で勉強したり書いてきたことの影響があるなあと思うときがある。それだけ鈴木先生とは良いめぐり合いだったと思う。父にもそのことをいつもいわれる」

中学時代に書いた詩や作文が発表されて負担になったことはありませんか。

「本になったのは高校一年のときでした。そのときまでは何も意識しなかった。本の題が『京子よ泣くな』となっているので私に注目が集まったが、内容はクラスの人たちや学年のちがう人たちの作品もたくさん入っている。高校のとき『笹井京子は高校でのびなやんだ』といわれたときはくやしかった。ひとはどうみようと自分は自分。今もって村山さんのように会いにくる人がいる。どんなにすばらしい人間になっているかと期待されるかもしれないが、自分は平凡で普通の主婦だし、ありのままをみてもらうしかない。ただ、自分はせいいっぱい生きてきたし、一本すじをもって生きようとしている。そして、これでいいのだと思っている。ただ、自分の書いた詩や作文を自分の子どもたちがわかるかなあと思うことがある。時期がきたら読ませたいと思うの。あれは私の宝物だから」

かの女の中学卒業後の人生選択の軌道は、多くの可能性の中からひとつひとつを選択したというよりは、ある種の偶然性を含んだギリギリの選択であった。それは、笹井家の農業に対する展望と新規学卒者の農業就業者数が約六〇〇〇人にしかならない今日、小口さんの選択は、同時代の日本の農村の何十万人の青年の歩みと重なりあう。

日曜日の職員室で語る小口京子さんに気負いはなく、生活への自信を感じた。生活綴方は文学者や詩人を育てる教育ではない。現実の生活から目をそらさず、確かな生き方を探究する教育である。小口さんは、そのことをあらためて確認させてくれた。

## 3　農業・農民を学ぶ教育実践

出かせぎに父と母をとられた笹井京子の叫びと、かの女が必死で歩んできた人生選択は、日本の農業が、農業基本法農政から総合農政に進展し、減反（一九六九年以降）が導入される中で、日本の農村地帯の多くの子ども・青年の直面した普遍性をもっている。そして、その子ども・青年に心をよせ、生活の現実にしっかり目をすえて生きていく力をはげます教育実践が六〇〜七〇年代に各地で展開された。

嶋祐三著『出稼ぎと教育』（民衆社、一九七四年）は、青森県西津軽の教師たちによるひとつの典型的な実践運動であった。地域の農業が人々の物的生活をささえる力を失い、次々と出かせぎに出ていく中で、子どもたちの生活が荒廃していく。

「おとうさんは、おかあさんがわたしをおこると／あぐらにかくしてくれた／わたしはかくれる　ところがなくなった」「自分がおそろしい／なにも感じない自分が恐しい／父が去ってもなにも感じない自分／おれもみんなのように感じたい」

出稼ぎ先の事故で父をなくした五年の女の子がいつもいない父に悲しみを表現できずとまどう姿に直面し、嶋氏は子どもの中に「心の過疎」が進行しているととらえている。教師たちは「出かせぎ実態調査」をし「出かせぎ者激励調査団」を組織する。出かせぎ者を工事現場や飯場にたずねあるき話し合ってきた教師は、働きに出た父母たちの子どもをおもう気持、学校へのねがいに直接ふれ、子どもたちを見る目が変えられ、教育にむかう姿勢を正し、悩みながらも自分の教育実践を模索していく。そして、地域そのものの学習の必要性を自覚せざるをえなかった。それは、嶋氏のことばによれば、教育実践を「農民の側に身をおいて農民の生活に密着した認識方法」でとらえ直す仕事である。

変貌する農村において教育実践の目標をどう設定するかは農業と地域の見とおしと深く結びついている。

嶋氏の実践は、すべての子どもたちを文字どおり農民にしようなどと考えているのではない。子どもたちが学び生きていくことを現実の生活に立脚したところから育てていかねばならないとする教育におけるリアリズムの回復の志向である。

七〇年代に、子どもたちに農業そのものを学ばせていった実践記録として秋田の原田明美氏の『農村をどう教えるか』（鳩の森書房、一九七三年）がある。この実践は、構造改善事業、減反が進行する中で子どもたちに潜在している「百姓はいやだ」という意識との闘いである。原田氏の学校では農業を手伝うのが好きな子どもが三年生では六五％もいるのに六年には二五％に減る、そして、大きくなったら農業をしたくないと答える子どもたちが八〇％を越える。父や母が出かせぎにどんどん出ていく中で子どもたちは表面的には何のかかわりもないように生活し、上っ調子な姿で生きている。その子どもたちが親の生活、働く姿をどう受け止めているのか、自分の生活をささえる農業をどうみているのか、そこに原田氏の実践はむけられる。しかし、子どもに親の生活をみつめさせ、農業の実態をしらべさせればさせるほど、農家の苦しい面、暗い面が出され子どもの中に「おら、百姓はいやだ。大きくなっても絶対百姓な、やりたくね」という声が強くなっていく。

原田実践の特徴は、「百姓はいやだ」という子どもの声をひとまずは「本音」の声として受けとめ、そこから教科書における農業の記述の批判的検討をふまえ、農村の学習を授業として展開していることである。農業を機械化し、近代化するためといわれていた構造改善事業の学習では、改善する費用を前借りしなければならず、改善した耕地の再配分にあたり、金を多くもっている人が有利になるカラクリを明らかにしている。減反の学習では、農民は米を作らなければ生きていくことができないことを確認し、農民が大豊作でも喜べない苦悩にふれていく。さらに、国鉄矢島線の廃止問題や出かせぎ問題の学習をとおして、自分たちの生活が破壊されていくことを突きとめている。これらの学習が子どもたちによる事実の調査とそのまとめとしての作文に結実している。そのことによって、ややもすると形式的になりがちな社会問題の学習を自分たちの生活に結びつけ、自己の主体的かかわりにおいてとらえさせることに成功している。そこから原田氏が導き出しているひとつの結論は、子どもたちの「百姓はいやだ」の中味をみごとにいいあてている。

「どの子もほとんどが農業そのものを、直接ものを作り出すという仕事を嫌っているのではありません。初め漠然と農業など嫌いだといっていた子でも話し合いを深めていくにつれて農民として受けついでいる生産への意欲を自らのなかで見つけ出しているということを、この学習を通してわたしは理解できたのです。ただこの子たちは現在の農業の背負っているさまざまな機構様式、そこからきている貧しさを感覚的に嫌っているにすぎないのです」

原田氏は、表面上は生活の事実を見つめ自分の生き方を考えることを嫌がるようにみえる子どもたちにも、心の中では真実を探り本ものの生き方を追求しようとする意欲を失っているわけではないところに教育の可能性を見いだしている。

「学校のなかで百姓を徹底的に教える」ことを地域の教育運動として取り組もうとしたのは三重県員弁郡の教師集団であった。『いなべの土のなかの教育』（労働旬報社、一九六九年一二月）は、員弁における勤評闘争以降の教育運動を総括しながら、農民の子でありながら農業を嫌い脱出しようとする子どもたちに、「百姓の生活・仕事、それがつくりだした文化・科学、また百姓の論理」を教え、「再び百姓の子を育てる」実践を呼びかけている。

「百姓の子」というとらえ方は、農業を継ぐ子という意味はもちろんであるが「頭や理屈で単純に理解する子どもではなく、からだで理解する子ども」すなわち地域に教育を根ざさせ、労働の拠点を貫くことをも意味している。こうして員弁の教師集団が七〇年代の教育実践と運動の方針としてねりあげたスローガンは「いなべの土に教育をとりもどし、地域に根ざした教育」であった。そしてこのスローガンの現実化にとって試金石となるのは、地域農民の学習組織である農民学校と教育実践・教育運動の結合であった。

笹井京子の詩と鈴木久夫氏の実践が提起している課題と六〇年代後半から七〇年代にかけてあらためて設定された「子どもを農民にする」教育は、日本の子ども・青年にとってどのように意味をもちうるのか。それらは、日本の農村共同体が残存する地域の個性豊かではあるが普遍性をもちえない実践にとどまるのか。そうではないだろう。

子どもたちの中に農業＝農民をとりもどす教育は、子どもたちが直接自然に働きかけ、自然との闘いをとおした生産労働とその労働をみつめる生活認識を育てることを意味する。そのことは軽蔑のことばとしての「ひゃくしょう！」のゆがんだ文化観や歴史認識の欠落をうめあわせ、人間が人間を差別することの貧しさを気づかさせてくれる。子どもたちに農業＝農民をとりもどすことは、子どもたちの人間的生活をとりもどし、地域を再生させる新しい人と人との結びつきを創る可能性を教育の側から追求することであった。

今日、農業＝農民の現状は一九六〇〜七〇年代の危機とは質的に異なる新しい段階をむかえている。鈴木久夫氏と同じ地域で、中学の教師を長年している渋谷清氏の『桜桃の里に歌声よひびけ』（東研出版、一九八一年）には、やっぱり、校庭の草とりをさせると「百姓」といい「土方」といって自己を軽蔑する生徒、肥料づくりのことを話すと「不潔」といい、百姓をしている親の労働を「ヒャクショウ！」といってバカにする生徒があらわれている。その子たちのいきつくところは非行現象である。渋谷氏は、土を耕す労働を出発とする子どもの原体験を組織しながら感性をひらき、共感を基礎にしながら地域の民衆の育ててきた文化の獲得にむかわせている。その実践には、地域の民間教育研究運動の諸成果が組み入れられ新たに発展させられている。しかし、地域の課題そのものと子どもたちの生き方のダイナミックな関連構造が後方に退ぞいたように見えるのはなぜだろうか。それは非行に代表される、今日の中学生問題の固有の特徴に実践が対応したためのものか、教育実践が生の地域課題を直接の対象とはせずそれに深いところで対決しているとみるのか。筆者はそのことを八〇年代の教育実践の進展の中でもうしばらく考えてみたいと思う。

（一九八二年）

# Ⅲ　まっすぐな心、伝われ愛
## ―津田八洲男の綴方文集に学ぶ―

### 1　津田実践との出合い

津田八洲男の生活綴方実践にはじめて出合ったのは、『かもめ島の子ら』（民衆社、一九七九年）をとおしてだった。そのとき、私は、ある雑誌に生活綴方の論文を書かなければならず、いろんな実践記録を読みあさっていた。

出版社より、津田の本を紹介され、読んだときの感動を今もありありと記憶している。〆切期限をこえた論文をかかえながら、『かもめ島の子ら』の感想をその夜のうちに長い手紙にして津田に送ったのだった。

その手紙には、生活の現実に正面から向かいあって綴られた作品が綴方の正統な伝統を継ぐものであると同時に、子どもの発達を軸とした綴方実践の構造があいまいで、安易な指導論に寄りかかっているのではないか、という批判も書いたように記憶している。津田は、面識もないひとりの大学院生からのはじめての手紙で自分の実践記録への批判を送りつけられ、当惑したにちがいない。論文では、「荒けずりだが、生活の現実に子どもたちを立ちむかわせることを執拗に追求している」と評している。

これが私の津田実践との出合いであった。その後、私は、何度も青森へ足をはこぶことになる。『かもめ島の子ら』の土屋小学校時代に、はじめて津田の自宅で綴方について語り合った夜、一人ひとりの子どものことをぽつりぽつり語る情熱、日本の作文教育運動のゆがみに対する批判、などに話はおよび、意気投合したのだった。

津田学級をはじめて訪問したのは、『五組の旗』に書かれた新城小学校の一年生のプレハブ校舎であった。授業は予想とはちがい騒然としたものだった。そこには、一年の六月とはいえ、話を聞かせるため、五、六分おきに「ピー」と呼子をふいているあせだくの津田がいた。このクラスには、神奈川や東京の先生方と四年生まで毎年訪問することになる。そのクラスの三年生の一一月に訪問したとき、のちに紹介する木立丈の「さびしい」という詩を読みあう授業であった。この時は、すでにあの一年生の騒然さは姿を消し、丈の生活を心から考え合おうとする子どもたちの学ぶ姿があった。

津田の綴方の授業は、実にかざり気がなく、演出のようなことは何ひとつない素朴なものである。綴方に無理解な人からいえば、大変「下手な」授業である。詩を書く授業をたのんでみせてもらったことがあったが、はじめの二五分は、何を書くつもりか、表現上どんなところに注意して書くつもりかを発言させ、書く時間は、一五分弱、最後に、書いた作品を二、三読むというものであった。一五分間で詩を書く集中力にもおどろかされた。

津田実践との出合い ― それが、著書であれ、講演であれ、授業であれ ― は、教師や学生の心を底からゆさぶる。それは、人間と人間とがぶつかり合ってつくられるドラマと出合うからである。そのドラマは、計算されつくした授業のなかで高揚していくというよりは、突然にはじまり、最初のことばがクライマックスに至るようなぶっきらぼうなものである。そうでありながら、多くの人が津田実践に出合い、感動するのは、そこに、人間の生き方をまっとうに見すえ、よろこびはよろこびとして、おどろきはおどろきとして、そして、悲しみは悲しみとして叫び表現する子どもの真実にふれるからにちがいない。

## 2　生活綴方実践の原型

津田の生活綴方実践において、まずなによりも注目したいことは、今日、「生活」を綴ることの意味が、現代の地域の実生活に密接に結びついて語られていることである。

『かもめ島の子ら』で語られている実践が展開されたのは、下北・石持小学校の三年間と平内町の土屋小学校の五年間である。下北の生活はきびしい。漁業は、原子力船「むつ」の母港建設で大きくゆれ、農業は、減反政策で出かせぎにたよらざるをえない状態の下で、子どもたちも、その生活の現実を必死でささえ生きていかざるをえない。平内町の漁民は、ほたて養殖に生活の展望をみいだしていたが、そのために大きな借財をかかえ、ほたての大量死にみまわれるなど、決して楽な生活ではない。その下北と平内町の地域で、父と母の働く現場に子どもを立たせ、そのよこびと悲しさのこみあげてくるものを、ぶっつけるように書かせ、共に読み合い、生き方を語り合う津田実践の原型は、この時期に確立された。いずれの作品も、生活の事実をみすえ、技巧を用いず、その表現に野性的な力強さを感じる。

作品「へんな父」は、この時期の津田の指導した典型的な作品のひとつといえる。

へんな父

小六　笹竹　さと美

ふろからあがってくると、

「かみあんでけしてこい。」

よこざにすわっていた父が言った。


へんな父だな。

一度もわたしの髪をあんでくれたことがないのに。

どうしたのかな。


「いじゃ、いじゃ。」

わたしば恥ずかしくなった。

「ここさすわれ。」

父ばよこざを指さした。
父の前にすわった。
父は、
くしで
わたしの髪をとかした。
まん中から二つに分けた。

どうしたんだろう。
どうしてわたしの髪をあむのかな。
そうだ。
父はあした東京へ、
でかせぎに行くんだった。
わたしの頭に
父のごつごつした指先がふれた。

津田は、この作品のあとに、次のように書いている。
「なんという生ま生ましい父親の愛の表現だろう。東京へでかせぎにいく父の、娘に対する愛は、髪を編んでやることだった。

さと美の父の胸の中にわいてきた思いを、私は理解できる。『しっかり勉強しろよ。病気するなよ。かあさんに手伝いしろよ。』と、さと美の髪を編みながら、心で語りかける父の思いを知ることができる。さと美も、父のごつごつした指先から、でかせぎに行く父をとらえ、父の何にも勝る愛情を感じとっているのだ。」

私は、この作品でえがかれている父と娘の姿と、津田のコメントの中に、津田自身のごつごつした人間味、生ま生ましい愛情、子どもたちに心で語りかけるやさしさをみるおもいがする。そこに、津田の綴方実践の子ども観、生活観、教育観がかくされているのではないだろうか。

『津田八洲男つづり方文集（一年～六年）全一二巻』におさめられた子どもたちの作品を読んでいくならば、その一つひとつの作品が子どもたちの成長にとってかけがえのない一頁をなしていることがわかる。文集は、そのままクラスの子どもたちの成長の記録になっている。子どもたちが何によろこび、何におどろき、何に悲しんでいるかがビンビンと伝わってくる。そのよろこび、そのおどろき、その悲しみを綴り、それを成長の原動力にしている子どもたちの生きる姿をまるごと読むことができる。

津田の文集に結実した作品に圧倒される人も少なくないだろう。しかし、文集を読んでいけば、何か特別秘密の方法があるのではなく、毎日毎日の教師の働きかけの総体がこの文集を生んでいることに気づかされる。

津田の綴方実践を、私は、日本の生活綴方の遺産のなかの、特に北方性教育運動の綴方の伝統の正統な継承とみている。津田は、そのことを、まだ理論的、系統的に展開しているわけではない。しかし、実践記録のはしばしに、津田の生活綴方観は明瞭に突き出されているとみる。

その第一は、子どもたちの生活と正面からむかい会い、共によろこび、共に悲しみ、共に生きていく実践姿勢がつらぬかれていることである。そこでは、のちにふれるが津田のおいたちの中で体験したさびしさや生活苦が、子どもたちの今と重なりあって、作品を作品として読むだけではとどまれない実践の姿勢を生んでいる。こうした姿勢は、「子どもの作品をどう読むか」という場面に集中的にあらわれる。

新城小学校時代の実践に出てくる木立丈の「さびしい」という作品がある。

さびしい

夜、つとむのパパにおこられた
ぼくはふくれて
二かいにいった。
ひとりでふとんをしいた。
ふとんに入って
きゅう食でのこした
パンとチーズと食べた。
お父さんばまだこない。
夜ごはんば、

パンとチーズだけ。
それだけ食べて
ひとりでねむった。

津田は『五組の旗』（駒草出版、一九八四年）の中で「たった一人、ふとんの中に入って、給食で残したパンとチーズを食べてねた丈を思えば、どうしても涙をおさえることができなかった。」と書き、「丈をとりまく家庭環境を変えていくことは私にはできなかった」ことに教師としての力の限界をかみしめている。その丈がこづかいをためて手袋をかうという前むきの生き方を示したとき、「丈、だめだったら先生が買ってやる」と言うのがせいいっぱいだったという津田の作品にむかう姿勢にこそ注目したい。「共によろこび、共に悲しむ」ということばは美しい。しかし、「共によろこび、共に悲しむ」ということが、教師にどのような行動を要求することなのかというところまでつきつめて作品を読むということはなまやさしいものではない。子どもの悲しい境遇を共感するだけでなく、その子どもの子どもの境遇をどうしてやることもできない教師の限界の悲しさを自覚したときに、はじめて「共に悲しむ」という意味が生きていくのだと津田は語っているように思える。

第二に、共に生きていくことを追求するために、真実の生活表現をこそ大切にすることである。

津田は次のようにのべている。

「私は、事実をしっかりみつめ、書き綴ることを生活綴方教育の重要な柱として考え、実践してきた。それは単に、事実を事実としてとらえるだけでなく、その事実の中に潜んでいる真実に気づかせたいし、一歩でも二歩でも近づけたいからである。文を綴るということは、その時の事実に心動かし、事実の持つ意味を全精神を集中してとらえようとする営みである。いわば魂そのものである。（中略）事実を書き綴ることにより、子どものものごとの見方、考え方が少しずつ深まっていく。その深まってきた内面で、また事実をみつめ、書き綴る。この積み重ねが、ねうちあるもののとらえ方につながっていく。」（村山士郎編『生活綴方実践の創造』一三八頁）

津田の指導した作品の多くが、読む人に感動を与えるのは、子どもたちが「事実の中に潜む真実」をとらえ、その「事実の持つ意味」をしっかり受けとめたことを表現に結びつけているからだと言える。

ありがとう

四年　若沢　裕太

「ただいま。」

と、いきをつかれているようにして
帰ってくるお母さん。

「仕事みつかったの。」

「ううん。」

と、うなずくようにいうお母さん。

ふくろからなにかをとりだした。

ジャンバーだ。

「きてごらん。」

「ううん。」

うれしい気もちで着た。

ぴったりだった。

「色はきたないけどあったかいよ。」

古いのでいいよといったけど、
ほんとうはうれしかった。

きたない色にみえなかった。

今までのジャンバーより
何ばいも何ばいもあったかいように感じた。

「かっこいいね。」

と、りょうの人にもいわれた。

ますます気にいった。

だいじにつかおう。

切れるまでつかおう。


（津田八州男『続　五組の旗』一四四頁）

裕太は、この作品の前に書いた「仕事みつかれ」という作品のなかで、家庭の事情で母子四人で青森にきて、仕事をさがす母をみつめて、「小学生でアルバイトでもできれば」と書いている。その母が、その日も仕事がみつからずつかれて帰ってきた事実。新しいジャンバーをかってきた事実。色あいは決して良いものでなかった事実、そうした事実をとおして、裕太は、ジャンバーという物にこめられた母の心づかいを痛いほど感じとっている。そこに、母がジャンバーをかってきてくれたという事実に潜む母の裕太に対する温い心を受けとめている裕太の成長がある。そして、「切れるまでつかおう」という最後のひとことに、母の心づかいの意味を受けとめた裕太の想いがこめられていると読む。

津田は、こうした実践にむけられた意地悪い批評にひらきなおって反論する。

「ある人は、私の実践を『どろくさいくそリアリズム』と評した。『どろくさい』は、洗練された実践のできぬ私への苦言にちがいないが、生活のにおいと、善意に解釈することもできる。『くそリアリズム』も同様である。いずれにしても、私は、『どろくさいくそリアリズム』の域を脱しようとは思おない。むしろ、そういう実践こそ、必要なのではないかと思う。

生活のほりおこしをさせ、生活者としての目を育てること。生活をまともにみつめさせ表現させること。確かに困難な仕事にちがいないが、私たち生活綴方教師は、このことの意味をもう一度考え、実践の方向をさぐっていくべきではないか。」　（村山士郎編『生活綴方実践の創造』民衆社、一五五頁）

津田の文集にこめられている生活綴方観の特徴の第三は、文章表現指導観にある。

津田の論文のはしばしには、日本作文の会が一時期推進した指導論への批判がのべられている。「現在の作文教育の在り方に、妙なやり切れなさを感じるのだ。系統案の問題にかかわっていえば、系統案を形式的にとらえすぎて、学級の実態、子どもの置かれている現状、地域の実情等から遊離した実践が、あたかも生活綴方教育であるかのようにとらえられているのではないかと危惧するのだ。私のような一一人の小規模の学級には系統案は必要ないが、四〇人以上の学級になるとそうもいかないという話を聞く。ある面ではうなずきながらも、系統案の持つ意味をどのように考えればよいのか悩んでしまう。」（津田八洲男「確かな実践の方向をさぐりながら」『作文と教育』一九八一年四月号）

津田は、当時日本作文の会が提起していた日常的指導と意図的計画的指導の区分けをも問い直そうとする姿勢をもっていた。

綴方を国語科に位置づけるということから出てくる綴方の固有の任務のとらえ方に、津田は直接ふれた文章を書いていない。しかし、次のような論述は、まさに当時の論争を意識して書いている。

「米がとれないと、米を買ってくわないといけない。ぼくの家では、父が心臓を悪くして働けない。だから母が、稲を植えたり、どかたにいったりしている。どかたは一日三五〇〇円ぐらいで、一カ月一回も休まないでいったとしても、一〇万五〇〇〇円だ。兄が一カ月二万円いれたとしても、一二万五〇〇〇円だ。その金から、おかず代や電気料や和子（姉）の定期代やぼくと和子の学用品やこづかいを使う。衣類も買わなければならない。米がとれないと米代もはらわなくてはならない。一家五人では楽ではない。

作品の一部であるが、和久はこの中で、どっとかぶさってくる生活の重さを訴えていた。私は、子どもたちと作品について話し合いながらも、生活保護を打ち切られ、母親の手一つが生計を支えている和久の家庭のことを考えていた。和久のものの見方・考え方をほめながら、表現について語りながら、今私にできることは何なのかを考えていた。（中略）

和久のような作品は、『ここの表現は説明形で書いているから、和久君の家のくらしがよくわかります』とか『ああ、和久君の家は苦しいんだな』、『父や母のことをまじめに考えているんだな』で終わらせることができない気がするのだ。このように、作品を読んで、書いた子の気持ちを少しでも理解する子になることはすばらしいことだ。しかし、教師の側から考えると、子どもが生活現実をしっかりみつめ、父母の生活ぶりに心をふるわせ、ひたむきに書き綴った作品には、教師に何らかの行動を起こさせるものを持っているのだ。」（前掲、津田「確かな実践の方向をさぐりながら」一六～一七頁）

津田にとって、子どもたちが生活を綴るということは、明日からの生活をどう生きていくのかをつかみとるいとなみそのものなのである。そのために、綴方の指導があるのである。

## 3　伝えあう心、かよいあう心

津田の『きかんしゃの詩』（大月書店、一九九〇年）は、堤小学校での実践である。堤小学校は青森市内の中心部にある学校である。何度かこの学校の津田学級も見学させてもらった。家庭も比較的安定している子どもが多く、知的感じのする子どもたちを前にして、津田の実践は、薄れている人の喜び、悲しみ、さびしさ、やさしさを生活の事実をとおしてふかくとらえさせることをさらに追求している。

津田の実践で私が紹介してみたいのは、母を病気でなくす清人の話である。

清人の母は、三年生の一〇月に入院する。

ちょこっとないた

三年　新岡清人

学げい会をやっていると、
きゅうにお母さんのことを思いだして、
ちょこっとぼくはないた。
どうしているかなと、
うえをむいてないた。
お母さん、
はやくはやくかえってきて。
先生もよろこぶかもしれないし、
ぼくもよろこぶから。
はやくかえってきて。

四年生の夏休み中に清人の母は、亡くなる。

次の篤仁の作品には、清人と篤仁との交流が見事にとらえられている。

## つらくてもがんばってね

四年　佐作　篤仁

ワダカン公園で、清人君に会った。
なんだか、やせているようだった。
清人君に声をかけよう。
けど、とし君から電話で、
清人君のお母さんかなくなったときいたので、
なんとなく声をかけたくなかった。
声をかけてはげましてやろうか。
思い出したらつらいから、
声をかけないでおこうか。
ぼくはまよった。
清人君は、
「よう、あっちゃん、なにやってんの。」
と、自分から声をかけてくれた。
ブランコにのりながら、二人で話した。
清人君のお母さんに、

ぜんぜん関係ない話をした。
「清人、ねぶた祭見にいった。」
「うん、見た。」
清人君がいった。
そのあと、急に清人君がしょんぼりした。
ぼくの耳の近くで、小さい声で、
「おれの母さん、死んじゃった。」
と、さびしそう言った。
ぼくは、
「知ってたよ。前、とし君にきいたよ。
新聞にものってたよ。」
と言った。
清人君は、
「やっぱり新聞にでたのかあ。
このことだれにも言わないで。」
といった。
清人君は、一人でブランコをこいだ。

この作品をていねいに読んでみよう。書きだしの部分では、篤仁が公園で清人と合うが、清人に声をかけたくない気持ちがつづられている。なぜかといえば、清人の母が亡くなったことを知っていたので、声をかけてはげまそうか、それとも、下手にはげましても、母のことを思い出すだけだから、声をかけないでおこうか迷っている。清人に母のことを思い出させないように気を使っている。清人の方から「声をかけてくれた」と書いているところから、篤仁のほっとしたようすがわかる。ブランコにのりながら話をするが、お母さんが亡くなったことと「ぜんぜん関係のない話をした」とここでも篤仁は清人のことをできるだけそっとしてあげようという心をつかっている。

篤仁のこころづかいを感じたのだろうか、清人の方から母の死をうちあける。清人も篤仁に気を使って母の死をうちあけようかどうかを迷っていたのだ。篤仁は、「急にしょんぼりした」「耳の近くで、小さな声で」「さびしそうに」とその場面の清人をみつめている。こうした子ども同志の心の交流がひとつの作品に切りとられる。そのことがもうひとつの大切なことである。なぜなら、篤仁は、その日の清人とのことを思い起こし、心が通いあった場面をもう一度体験し、そのねうちがわかり、心の通いあった体験をことばで表現する作業を通して、そのねうちをしっかりと自分の中で受けとめているからである。そして、清人との結びつきをいっそう深めている。

## 4　津田の人間形成と教育実践の個性

ひとりの教師の教育実践には、その教師の人間そのものをぬきにしては語れない。津田の子ども観、生活観、教育観を理解する上で、津田の生いたちや人間形成の過程を欠かすことはできないだろう。

津田は、実践記録のはしばしで、自分の生いたちにふれている。津田は、自分が、弱い立場の子を見るとだまっていられなくなることにふれ、次のように記している。少し長くなるが引用しておきたい。

「私の両ももには、一〇〇円玉より大きい傷跡が一つずつある。食えずにいた幼い頃に、栄養失調になり、打ったぶどう糖の注射に負けて腐った傷だ。満一歳五カ月で父を失い、肺病で寝たきりの母と一〇歳・七歳上の二人の兄との生活は、貧乏のどん底だったといえる。一番下の私は、あちこちの親戚にあずけられたり、養子縁組をする状態を繰り返さなければならなかった。家に帰され、小学校（国民学校）に入学してからは、病床の母に冷たい水を持っていく日課が続いたが、その母も、敗戦のどさくさの中で満足な治療も受けられず、私が小学三年の秋にこの世を去った。母の一生は苦労の連続であったと聞く。今も、書架のわきにある悲しい顔の母の写真を見ると、胸が痛い。

一九四〇年（昭和一五年）に生まれた私が背負わなければならない現実だったといえばそれまでだが、胸の底には怒りにも似たものが潜んでいる。

『日本の歴史』の写真の中の浮浪児が私になり、ばかにされる夢を見たり、ザルを片手に友だちの家に米を借りにいった記憶がふっとわきでたり、体に悪いのを知っていながら、醬油をたっぷりかけた納豆を少量の飯の上にのせるくせがでたりするのも、両親がないためにばかにされ、食えなかった頃のことが、私の心に染みのようにこびりついているからかもしれない。

そのためばかりとは言えないが、弱い立場の子を見るとだまっていられないし、心をこめた子どもの作品を読むと、すぐ涙を流してしまうのだ。」（前掲、津田「確かな実践の方向をさぐりながら」『作

文と教育』一九八一年四月号、三頁）

津田は、一九四〇年（昭和一五年）青森県下北郡田名部町（現むつ市）に、父栄、母たえの四男として生まれた。男だけ四人の兄弟であったが、長男は、幼少の頃、死亡している。父は、師範学校を出ていたが、時計屋をいとなんでいた。その父が、一九四一年、三五歳の若さで亡くなってから、津田も書いているように肺病の母と三人の兄弟は貧乏のどん底につきおとされる。津田自身、栃木県の宇都宮の親戚にひとりであずけられる。一九四六年青森にもどって国民学校に入学。ところが、三年生のとき（一九四八年）長く病床にあった母もなくなり、生活苦はいっそうきびしくなる。次男の兄が中学を中退し、公民館の仕事につき、おばとの生活がはじまるが、五年生のときからは、おばも三男の兄も北海道にわたり、残った兄との二人だけの生活がはじまる。津田も書いているように、ザルをもって米を借りにいったのはこの頃である。

津田は、『続　五組の旗』で斎藤美穂の書いた次の作品にふれ、米を借りあるいたことをおもい起こしている。

きびしい

四年　斎藤　美穂

おねえちゃんとわたしがいっしょにおきて、
朝ごはんをたべようとしたら、

おかずがなかった。
「お母さん、おかずは。」
ときいたら、
台所にいたお母さんが、
「ほら、そこのすみっこにあるでしょ。」
といった。
さがしたら、ちゃわんに
うめぼしが一こしかなかった。
「そこにあるでしょう。
それを半分にして食べなさい。」
と、お母さんがいった。
きびしいなあ。

「美穂は、『きびしいなあ』と書いた。うめぼし一つだけの朝食などしたことがないのだろう。私は、この詩を読んで、私の幼い頃を思い出していた。その日に食べる米さえない生活だった。学校から帰ると、米を借りるために、友だちの家や兄の知人の家を歩き回った。米を借りることができても、今度はおかずがなかった。みそ汁に、みそがおかずという食事だった。そんな幼い頃のことが、不思議にはっきりと浮かんできたのだった。」（同書、一一五～一一六頁）

小学校時代の津田のたのしみは、映画をみることと本を読むことだったという。兄が出張のとき買ってきてくれる本を夢中で読み、成績も良い子どもだった。中学に入り、兄が結婚した時、兄をとられたような気がして、反抗的な生活になり、学校の勉強はあまりしないで、文学ばかり読みあさる生活に入る。

一九五五年高校入学。勉強はしないで太宰治を読んだり、詩や小説を書くことに熱中していく。五八年に北海道学芸大学札幌分校を受験するが失敗。予備校生活、東京で朝日新聞販売所でのアルバイト生活、むつ市にもどって冷凍工場での仕事、土方、そして市役所の臨時職員、などをへて、五九年には市役所の正式職員となる。しかし、このまま平凡な役所生活で一生が終るのかと考えるといやになり、再び大学受験の勉強をはじめ、一九六〇年、四月、北海道学芸大函館分校に合格する。学生時代は、当時の安保闘争にも積極的に参加せず、津田自身のことばでは、どちらかといえば右翼的学生であったという。この時期も、生活はきびしかった。

「大学生のころ、食事さえまともにとれない時があった。講義には出ず、井戸掘りのアルバイトをしていたが、昼食をとる金もなかった。一人、働く人たちから離れて本を読んでいた時に、後ろから声をかけ、大きなドカ弁を差し出し、『学生さん、食べろ。腹をすかして仕事できるか。』といった親方のことは、今も忘れない。涙がぼろぼろと流れた。涙といっしょに食べた弁当の味も忘れられない。」（『続　5組の旗』一四七頁）

大学入学の頃は、教師になろうという気はまったくなかったという。教師へのきっかけをつくってくれたのは、大学三年生の時の教育実習で五年生を教えたことであった。

一九六四年、東京オリンピックの年、津田は北海道の僻地四級の小倉山小学校の教師となる。その年の一〇月になってはじめて電気がひかれた学校の三・四年生の複式学級で、一二人の子どもたちと津田の教師生活ははじまった。津田は、この学校での子どもたちとの生活を今でも大切にあたためている。全員にハーモニカを買ってやったこと、自分の弁当だけが白いご飯だったことに気づいて、教員住宅に小学生と中学生をひとりずつ毎晩よんで、夕食をしたこと、等々。

しかし、津田は、この学校を一年で退職し（理由は管理職との人間関係になじめなかったから）、六五年に青森県の東津軽郡の教師として再出発している。津田実践のひとこまひとこまに、津田の生いたちや少年から青年時代の生活が顔をのぞかす。そして、その自分の生活を子どもたちにも伝えている。

マルメロ

二年　佐藤　知子

「はい、先生。」

と、マルメロをわたした。

先生は、

「ありがとう。」

といった。

教室にいってから、

「先生ね、マルメロ見ると、お母さんのこと思い出すんだ。」

と、先生が教えた。

マルメロもってきてよかったな。


佐藤知子が書いてきた「マルメロ」に津田はこう書いている。

「三年生の一〇月一三日、私の母は、長い闘病生活に終止符を打って、この世から去った。私は、マルメロをみると、母のことを思いだすのだった。

東側の一ばん明るい部屋に、母はねていた。その部屋の窓から、流れ出るわき水が見え、池が見え、蔵の近くに二本のマルメロの木が見えた。私は、毎日、わき出る水を汲み、母にもっていった。その時、母の近くからとてもいいにおいがした。それはマルメロのにおいだった。花びんにマルメロの実がついたままの枝が入って、そこからいいにおいがしてくるのだった。マルメロと母とは深く結びついていた。何かないかぎり、母のことは忘れていた。知子は、その母を思いださせてくれた。ふと口に出したことばを知子はしっかりと心の中に入れていた。」

いつだったか、自動車の後にマルメロを無造作にころがし、マルメロのにおいでいっぱいにした津田の車にのったことがあった。

このように津田実践と津田の生いたちや人間形成を語ってくると、津田のような実践を展開するには、かれのような生活を体験した教師でないとできないのではないか、という想いにかられる。教育実践が、単なる知識や文化の伝達ではなく、人間と人間とのふれあい、ぶつかり合いを含む人格的相互作用によって人間に働きかけるものであるとすれば、その教師の人間性そのものがきわめて重要であることはまちがいのないことである。その意味では一人ひとりの教師が自分の生いたちや人間形成の過程で、自分の生活観や人間観をどう自覚化したかは、その教師の教育実践における個性に影響する。どんなに豊かな教材でも、どんなにすぐれた技術でも、それがすべての教室で一様の結果を生まないのは、子どもたちのちがいにもよるが、その教師の生活体験からくる個性にも深く関係する。

津田が自分の味わった貧しい生活から弱い立場の子どもに共感するひとつの個性をもっているとすれば、弱い立場の人間に共感できる教師の人間的コードは決して貧困体験からのみ開かれているわけではないだろう。貧困のなかでの苦しみとは単純に比較することはできないが、人間は豊かな家庭の中でももっとすさまじい人間のみにくさやさびしさに直面することもある。貧しさとの闘いとくらべ、自分の内面での自己との闘いに青年期の大きなエネルギーをかけた人の体験は、生活苦の体験とくらべて意味がないなどとだれが言えるだろうか。

重要なことは、その人の人間形成のプロセスが教師になってからの教育実践を決定するのではなく、教育実践のプロセス、すなわち、教師の子どもとの相互作用の全プロセスが、自己の生活体験をも教育力として意味づけることができるかどうかである。教師にとって教育実践とは、子どもに働きかけつつ、自分をもつくりかえていくプロセスでもあるのだから。

## おわりに

一九八九年三月の春休み、津田宅の一室に、『5組の旗』の教え子たちがあつまってくれた。天野誠子、対馬静、佐藤知子、村岡泉の四人である。四月から中学三年生になる。天野さんは、水泳では県のトップクラスの力をもつ。対馬さんは卓球部、佐藤さんはバスケット部でがんばっている。泉君は一七五センチにのびていておどろかされた。

クラブのことから今の中学校のことに話がすすむと、学校や教師への不満や不信が次々と出された。かれらは、「教師は信頼できない」ことをすっかり身につけた中学生になり切っていた。今でも、時々、津田先生とつくった文集を読むことがあるという。その文集にもどる時の中学生内面のありようを考えると、その文集を手にしている子どもたちの姿に何かいたいたしいものを感じた。しかし、『5組の旗』の子どもたちは、今の中学校生活に敗けていない。自分の意見をしっかりもって、泣きごとをいわず、それぞれの目標にむかっている。

「お母さん、時々帰ってくるか」

突然、津田さんが泉君に話しかけた。

「ん、時々帰ってくる。この前、男の人と帰ってきた」

泉君は、青森の男の口ぶりでぼそりと答えた。かれは、東京での母の生活もわかっている。それでも、おだやかな顔をしていた。

「春休み、『オルゴール』みてきた。最後のところ感動した」

『オルゴール』は、長渕剛主演の映画である。泉君が感動した『オルゴール』のラストシーンを知りたくて、次の日、青森空港にむかう前、青森市内の映画館にとびこんだ。やくざ映画であったが、長渕が演ずる主人公が別れた女性に生ませた男の子と再会することがテーマになっている。その幼稚園児の男の子が、「おとうさん、おとうさん」と叫びつづけて車にのせられて警察に連行される長渕を追いかけ、最後にしっかりだきあうのがラストシーンであった。泉君は、自分の会ったことのないおとうさんのことを考えて、このラストシーンに感動したのだろう。

津田実践に登場してくる子どもたちの一人ひとりが、現代を力強く生き、成長していってほしい。そのとき、一つひとつの作品が子どもたちの成長にとってもっていたほんとうの意味をとらえることができるのかもしれない。

（一九八九年）

# Ⅳ　ことばは人をつなぐ

## ―黒藪次男『ぼくこんなにかしこくなった』を読む―

黒藪次男さんは、戦後、兵庫県で教師になり、生活綴方実践などを通して子どもの生活とことばの問題を探求してきた。『ぼくこんなにかしこくなった』（民衆社、一九八一年）は、黒藪さんの教師生活の最後の実践で、吉川達也君というダウン症候群の障害児が一年生に入学してからの一年間の成長を丹念に綴ったものである。

読んでいくと、障害児固有の実践記録としてだけではなく、どの子どもにも共通なことばの成長・発達にかんするきわめて貴重な記録になっている。そこでは、子どものことばの成長が生活の感情・意欲の耕しや安心できる人間関係づくりと深く結びついていることが具体的な事実で生き生きと語られている。この達也の成長の記録から、私たちは子どものどんなささいな表現にも発達的意味があることを知り、子どもの成長・発達への驚くべき内的エネルギーにふれることができる。

## 1　子どもとの出会い

一年生に入学してきた吉川達也を黒籔さんは、つぎのようにとらえている。

彼は、ことばの数がたいへん少なく、発音がうまくできない。幼児が犬を見て「ワンワン」と言ったり、猫を見て「ニャンニャン」と言う段階にあった。幼児は、ことばを覚え始めると積極的にものの名前をことばにしていくが、達也にはそうした意欲・関心がない。

こうした達也の状況は、彼の育ち方とも深く結びついている。達也は、三人兄弟で、四歳の弟と二歳の妹がいる。妹がお母さんに抱かれていると達也もはいってくるし、妹や弟と同じように服を着せてとせがむ。要求が通らないと座り込んでしまうことがあった。学校でも靴をはかせてもらおうとしたり、移動するときにはおんぶして欲しいとせがむ。お母さんもついつい達也を許してしまう。

達也は、ことばの表現の貧しさをからだで表現しようとする。教室の電気をつけてもらいたいときには、先生をスイッチのそばに連れていき、指をさす。黒籔さんが抱き上げてスイッチに届くようにしてあげると、スイッチを押して「キャッキャッ」喜びの声をあげる。教師が「で・ん・き」とくりかえすと、彼は「で・ん・き」とくりかえす。また、教師への親愛の情は、反抗というかたちであらわれる。左右の靴をまちがえてはけば、先生はきっとそれをなおすだろう、逃げれば追いかけてくるだろう、帽子をぬいで捨てれば、拾ってかぶせるだろう、ということがわかっていて楽しんでいる。

「吉川君の動作、行動をこのように考えるならば、吉川君は、すでに外界を認知する力を持っている。

自分と関わるなかで、教師であるわたしの内部にある考えや感情までも、認知する力を持っている。かれは、わたしのなかにあるわたしの心のゆれを感じとり、それに対応する自分の想いや感情を自らの動作と行動によって表現しているのだ」（一三頁）

黒藪さんのこのような子どもとの出会い方は、実にていねいであり、しなやかである。達也のつたないことばとからだの表現から「伝えようとしているものを受けとめてあげたい、理解してあげたい」という受容的姿勢が貫かれている。黒藪さんの達也への関係の取り方は、自分の方針にそくして子どもをひっぱっていくというよりも、子どもの向かおうとする方向を引き出し受けとめ、あたたかく寄り添っていくかのようである。それは、達也の可能性への信頼を基礎にしている。この受容的姿勢による子どもとの出会い方、向かい方は、黒藪さんの長年にわたる教師生活、とりわけ、生活綴方実践によってつちかわれたものであろう。氏によれば、「生活綴方は、子どもの内部に起こる思想や感情をコトバを使って外に引き出していく教育である」（一一頁）

黒藪さんは、達也との二カ月の生活の中から、三つの目標をたてている。

「第一は、じょうぶなからだ、体力を学校生活でそだてたいと考えた。このため、できるだけ教室から外へ連れ出したい。

第二は、吉川君の表現意欲をいっそうかきたててやろう。それには、吉川君といっそうふかく結びつき、楽しく遊ぶことだ。

第三は、吉川君に自立の心をやしない育てたいということ。」（四一・四二頁）

## 2　事実とことばが結びつく

子どもの成長に一番期待をしているのは、両親である。黒藪さんは、夏休みまでの達也の成長を手紙にして両親に伝えている。

達也は、からだがしっかりしてきて肋木の一番上に登り手を放すことができるようになった。身長も一センチすこし、体重も一キロ半ほどふえている。ウルトラマン遊びしかできなかったが、いろんな遊びを自分で選んでできるようなった。特に、積み木は、最初は横にしか並べられなかったのが、高い塔やビルデングを積み上げられるようになった。しかも、崩すときに土台になっているひとつを抜き取ると全体が崩れることを知り、上手にできるようになった。

絵は入学以来、三〇枚ほど描いたが、何を描いたのかは四枚ほどしか黒藪さんにはわからなかった。しかし、画用紙のすみに、○△×や直線、曲線で符号が書かれ出した。達也の署名なのである。

黒藪さんの達也の観察は細やかである。単に、細やかであるというだけでなく、ひとつひとつの遊びの選択、同じ遊びでも昨日と今日の変化に発達のプロセスを読み、解らない絵だが、色や曲線の変化に表現への意欲の現れを受けとめている。黒藪さんは、子どもがみえないという前に、見えることは何か、その見えたもののなかでの変化は何か、それらは何を意味しているのか、を大切にしている。

達也のことばの成長ということに関しては、ことばの数が増え、発音もしっかりしてきて、理解力もついている。しかし、黒藪さんは、全体としては、文字習得以前のしごとと位置づけている。

「今の達也君には文字を習得させる以前の仕事があるのです。コトバを事実と結びつけながら、ひとつひとつ正確に習得させていかなくてはならないのです。身のまわりのものの名前が、ともかくコトバとして発音できなくてはなりません。自分の意志をたとい片言でもコトバで伝えることができるようにしなくてはなりません。文字はそのコトバとコトバであらわされるものとむすびついてはじめて習得できるのです。」（六二頁）

ヘレンケラーが冷たく流れるものをＷａｔｅｒと結びつけたように、達也にもことばと事実を結びつけるていねいな仕事が必要であった。

事実とことばが結びつくことと平行して欠かせないのが、感情の発達である。美しいものを見て美しいと感じ、悲しみや喜びがわかる感情の豊かさが育たないとことばによる表現は生まれない。

「達也君は花がすきです。きげんをそこねていても花をもたせるとにこっと笑顔をとりもどしてくれます。ほんとうに美しい心をもっています。この心をうしなわせてはならないと思います。また、私が叱ると泣きます。悲しみが表現できるのです。ぷっとほっぺたをふくらませて不きげんを表現します。私と顔を合わせて、にこっと笑いかけもしますし、ころげまわって喜ぶこともあります。」（六四頁）

黒籔さんは、ここでもうひとつ重要なことを指摘している。子どもの意欲が子どもの生活の要求から引き出され、ことばの獲得をはげまし、主導するという問題である。そして、黒籔さんは、子どもの意欲のないところでの文字指導や作文指導は、本当の意味でことばを育てることにつながらないと述べている。

夏休みのあと、達也のことばの発達はもう一段階段をのぼる。黒籔さんは、ことばを育てるひとつのポイントは、コトバを与えるのではなく、興味や関心を引き出す自発的な行為や行動のなかでコトバを引き出すことにあると考えている。

積み木遊びで達也のことばが育つ場面を、黒籔さんは、次のように観察している。

まず、吉川君は自分で戸棚からこの積木の箱をとり出す。箱をかかえて吉川君は、はっきりと言う。

「てんてい（せんせい）、おいで、あそぼう」

わたしも、吉川君の横に座って積木をはじめる。かれは、ひとりで積木を積む。そして、ひとつのものを完成させると、

「これ、てんてい、たかい、たかい」と言う。わたしも調子を合わせて、

「わあ、たかい、たかいなあ……」

両手をたかくあげて、ばんざいをしてやる。

「がちゃん」と、言いながら吉川君は積木をこわしておいて、

「もぺん（もう一回）、ちょか（しようか）」と、わたしによびかける。

「もういっかいね、もういっかいしてね」と、わたしは「もういっかい」をゆっくり発音しながら答えてやる。

そして、吉川君はまたしばらくだまって積みあげていき、それが完成すると、

「てんてい……おもちろいか？」と、わたしに問いかける。

「せんせい、おもしろいわ、とても、おもしろいぞ」と、やはり「せんせい」「おもしろい」をゆっく

り発音しながら答えてやる。

積木遊びひとつをとりあげても、そこは吉川君の積極的な遊びの姿と、それと結びついた　コトバを通して、吉川君が積木を完成していく喜びをわたしは知ることができる。こうした意欲的な遊びの中で、吉川君のコトバもそれと結びついてそだつのではないだろうか。

黒藪さんが「子どもの自発的な行為や行動のなかでコトバが育つ」という時、それは、「子どもの意欲的な生活」「子どもの生活意欲・要求」を意味している。たとえば、達也のことばのなかに名詞が少ないということは、生活場面で名詞を使う必要のなかった結果であろうというのである。この子どものコトバの成長における「生活の意欲・要求」の重視から、黒藪さんは興味深い問題を提起している。「コトバの指導過程の一般原則は、易しいものから難しいものへとすすむべきだろう。子どもをとりまいている具体的な物の名前、しかも、音の少ない、みじかいコトバからだんだんと複雑なものへとすすむべきかも知れない。それを原則として認めるも、わたしは吉川君を見ている限り、吉川君の意欲的な、生活への取り組みの中で、かれの内にもっている欲求にコトバを与え、そこから、コトバをそだてることを試みなければならないように思う。

つまり、易しいものから難しいものへ、かんたんなものから複雑なものへというコトバの指導の原則は、それだけがひとり歩きするのではない。それは、子どもたちの表現意欲、生活の要求などと結びついて生かされなくてはならない。（略）生活の要求、表現意欲は、子どもたちの意欲的な生活の中で生まれてくる」（七七頁）

もちろん、意欲によってすべてが可能であるという乱暴な主張をしようとは思わない。指導過程の一般的原則は大切である。しかし、時として、子どもはある種の飛躍をとげながら発達していく。この飛躍を引き起こすのが子どもの意欲・要求であると黒藪さんは言っているのである。この発達はなにかイレギュラーで起こるものではなく、そこにもある種の法則がはたらいている。達也のことばの成長も、黒藪さんと達也の毎日の生活づくりに基礎がある。

この黒藪さんの文章を読んでいて想いだしたことがある。それは、小学校の先生をしていた私の叔母が高校生だった私に教室で漢字の試験をするとぜんぜん書けない子どもが休み時間に黒板に「大鵬」と漢字で書いていることを話してくれたことである。むずかしい「鵬」が書けることが不思議だと。なぜ、叔母がそのことを私に話したのかはすっかり忘れてしまったが、「大鵬」と漢字練習のことは今も記憶している。学生もあるテーマに関心を持ったとたんに、周囲の友人もおどろくほど本を読みだしたような例はいくつか体験したことがある。意欲が一般的系統を一気に追い越してしまうことは、子どもの発達には良く起こるし、自分の経験のなかでもそうした実感をもっている。教授・学習における系統とひとりの人間の発達の系統とは、どのような関係として説明できるのか、興味深い問題である。

ここでは、黒藪さんの意欲を重視する考え方が発達論的にみて正しいかどうかはさておいて、このように子どもの意欲や要求をていねいに見ていくことが子どもをひとりの主体としてとらえることにつながり、子どものとらえ方が実にしなやかになれるということを学びたい。車の運転で「道なりに」ということばがあるが、まさに「(子どもの) 道なりに」が大切なのであろう。

## 3　ぼくのりんごはまるくない

秋になって、達也は二日続けて一枚の絵を書いた。

黒藪さんが「これ、何」と聞くと、「ひこうき」と答える。その右下に長方形のような形をかき、その左右にちょっと出っ張ったさんかくをかいている。「これ、何」と聞くと、「みみ、いたい、いたい」という。次の日、同じ絵をつづけている。「これ、何」と聞いてみる。「みみ、いたい、いたい」とおなじ答がかえってきた。黒藪さんはこのことから二つのことを読みとっている。

そのひとつは、二日続けて同じ絵に取り組んだことである。これは、昨日の描きたかったことが、次の日にも持続しているということであり、描こうとしている物を記憶の中に持続できる、すなわち、コトバと物との関係がしっかりしてきていることとそれを表現しようとする意欲が継続していることを意味している。

もうひとつは、「いたい」という感情を描こうとしていることである。それまで、達也は自分の感情や感覚を表現する絵を一枚も描いたことがなかったのだ。「『みみ、いたい、いたい』という表現は、今までかいた『おふね』『せんせい』などとはちがった内容をふくんでいる。それは、そこに自分の経験を通した感覚、感情、思いが表現されていると考えられるからである。」

具体的な物とコトバがむすびついているだけではなく、抽象的な感情や感覚とコトバが結びつき、達也はそれを表現しようとするまでになったのである。

一〇月に教育長、指導主事の訪問があり、コトバの勉強をしている。当日、「くり」「りんご」「ごま」……などの食品を用意し、達也にその品物の名前を教えながら発音させる学習である。「これ、なに」とりんごをだすと、達也は「りんご」と答えずに「たべたい、たべたい」と答える。

「あとで食べようね。これはりんご、言ってごらん。り・ん・ご」

「り・ん・ご、たべたい、たべたい」と達也は答えている。

こうした学習のあとに、ケーキを食べ、りんごを半分にわけて食べた。


さて、その日の午後、もうお母さんが迎えに来ると思われるころ、吉川君が画用紙をくれと 言いだした。

「また、あしたね。きょうは、もう、おわり」

などと言っても、言いだしたらめったに後に引かない吉川君のくせがはじまった。

吉川君はわたしの与えた画用紙を前にした。

「何、かくの?」いつもの通りわたしはたずねる。

「りんご」吉川君は、はっきりと答えた。

「そう、じゃあ、りんごかいてね」

吉川君は、朱色のクレパスを取って、八つ切りの画用紙いっぱいにぐるっと半円をかいた。そして、その上方から朱色をぬりかけて、

「ちがう」と言いながら、赤いクレパスと取りかえてぐいぐいぬりはじめた。

そのとき、吉川君を迎えに来たお母さんが入って来た。

「りんごをかいているんです」と、わたし。

お母さんは、にこにこしながら吉川君に近づいたが、そのりんごが半かけになっていることに気づいた。

「達ちゃん、ここまでかきな。りんごはまるいやろう」

画用紙の上方に半円で止まっている吉川君のかいたりんごの下半分を指でかたどりながら、お母さんが言ったが、吉川君はがんこに下半分をかこうとしない。かれは、「りんご、たべたい、たべたい」と言いながら得意になってクレパスを動かしている。りんごはまるいもの、りんごをかくときにはまるくかかなくてはいけない、というのはわたしやお母さんの考えであって、吉川君の思いではなかったのだ。吉川君が今かいているりんごは、午前中、勉強した後、わたしが二つに分けて、K君と吉川君に与えた半かけのりんごなのである。

この場面には、黒籔さんも指摘しているように、子どもの発達を考える多くのヒントがあるようにおもう。

達也は、コトバの勉強のなかで、最後に食べたリンゴがおいしかったのであろう。だから、その感動が午後にリンゴの絵を描きたいと意欲をおこさせたのである。達也は、前からリンゴというコトバは知っていたが、研究授業のあと先生と食べたリンゴの体験が強く心に残ったのであろう。達也のリンゴというコトバに新しい「リンゴ体験」が積み重ねられ、コトバが豊かになっている。こうしたリンゴ体験をたくさん積み込んだ「リンゴ」というコトバを獲得している子ども（大人も同じ）は、「リンゴ」

というひとつのものから、単にリンゴそのものを豊かに想起できるだけではなく、その物から人間的感覚や感情をも豊かに感じとることができるようになるのである。

このように考えると、達也の描いた「まるくないりんご」の価値がよくわかってくる。彼が表現したかったのは、単なるリンゴではなく、黒藪先生と緊張した勉強のあとに半分にして食べたリンゴであり、そのリンゴをとおして「おいしい」という感覚と「たのしかった」という感情なのである。だから、どうしても、半分のリンゴでなければならなかったのである。

もうひとつは、達也の表現意欲と技術の関係をどう考えるかである。黒藪さんは、次のようにのべている。

「体験したことをコトバとして表現できなかったり、絵にかくことができないからといって、それをそのままにしておいたのでは、子どもの表現意欲はねむってしまうし、それはまた、表現の技術そのものの獲得をおくらせてしまうことになるだろう。」（五八頁）

達也は、まだ、文字で表現する技術はもっていない。しかし、絵で表現することができる。これは、黒藪さんがいっているとおりである。達也にリンゴをまるくなく描くことができる技術があったから、おかあさんが「りんごはまるいやろう」といえたのである。しかし、達也の描いたまるくないりんごから、その日の「おいしかった」感覚や「たのしかった」感情が表現できているか、といえば、かならずしもそうではないだろう。達也には、そうした感覚や感情を表現しようという意欲はあったが、技術はそれにともなっているとはいえない。こうしたことを私たちは、どう考えるのか。

作文の研究会で、よく「こういう、いきいきとした作品はどうすればうまれるのですか」という質問がでる。それにたいし「子どもを感動させることが大切です」とだけ答える場面によく出会う。

生活の中で感動を体験すれば（意欲が高まれば）、子どもの表現がのびる、ということは真理である。ほんとうに意欲の高まりのないところで、どんなにていねいにくわしく書かせようとしても、生き生きとした表現が生まれない。しかし、これは、一面であり、他面では、感動があれば生き生きとした表現が生まれるかといえばそうでない。どの教師も、感動的な体験をしたあと、きっと日記にその感動が表現されるのではないかと待っていると、以外に平凡な日記しか書いてこなくてがっかりした経験があると思う。

行為や行動のなかで体験する感動・意欲と表現活動とは、相互関係を持ちつつも同じプロセスではなく、それぞれの固有の論理をもっている。一度体験したことが表現として生まれるためには、行為や行動での感動を観念による（コトバによる）感動として味わい、それを心の中にしまい込み、それらをもう一度くみ立て直してひとつの日記や絵に表していく作業（形象化）をしなければならない。この表していく作業（形象化）には、技術が必要である。

感動した実際の活動とコトバを媒介にした表現活動は、活動の性質を異にしている。したがって、そこで働く技術も性格を異にしているのである。これが、もうひとつの側面である。

黒藪さんの実践から、実際の活動における感動と表現活動でとらえた感動の関係、そこにおける意欲と表現技術の役割を全体としてダイナミックにとらえることが、課題として提起されていると受けとめたい。

## 4　小さな変化にも固有の意味がある

三学期、達也のコトバは、さらに成長する。

そのひとつは、知っているコトバの数と発音できるコトバが不正確なものも含め、ふえたことである。コトバは、名詞だけでなく、動詞や形容詞も使えるようになった。達也との長い長い学習のなかで、黒藪さんは、ことばを豊かに育てる指導のひとつのポイントを次のような例で説明している。

「達也が『すいか』を『くいか』と発音したとき、『〈くいか〉ではない。すいかと言って……』などと、すいかを目の前にして発音練習などするよりも、食べたいものは食べさせてやり、『すいか、おいしいか』と、たずねてやり、『おいしい、おいしい、たべな』と、答えてくれることを期待する方が、コトバの指導としてもすぐれているのではないかと思います」（一九三頁）

「おいしい、おいしい」という実感といっしょになってはじめて「すいか」を正確に発音する意欲が生まれると言っている。表現する内容がなくては、意欲も生まれず、どんなに技術を教えても役にたたないのではないか、ことばを発する必要感、意欲を何よりも大切にすべきである、というのである。

私は、このことはきわめて大切なことをいっているが、コトバの指導という点からみて、安易に一般化することはできないと思う。しかし、これを子どもの意欲をどうとらえるか、子どもとの関係をどうつくるか、という視点からみると、実に貴重なことを述べているように思える。それは、達也の「おいしい、おいしい」という快い気分に依拠して次の学びを組織しようとしていることである。子どもとは、彼らの快い気分のなかで出会い、学ぶのである。これは、当たり前のようで今日きわめて難しいことになっている。

三学期のもうひとつの成長は、えんぴつをにぎってノートのますめに符号を書き入れ、先生に赤ペンをいれてくれるよう要求するようになったことである。「あめ　たべたい」と先生がゆっくりいうと、達也も「あめ　たべたい」とくりかえしながら、符号をノートのますめにいれる。文字はまだ書けないが、「あめたべたい」は、六つの音節からなり、符号をそれにあわせて書くということができるようになったのである。このプロセスは、健常児の場合、自然に飛び越えてしまうことが多いので、特別の指導を意識しないことが多い。黒藪さんは、この変化を「達也君がともかくもノートを開き、鉛筆をにぎっている姿をみると、とてもうれしいのです」と書いている。

達也のコトバの成長によって、達也の学校の人たちとの関係がくみかわっていく。達也は、黒藪さんのいろんな使いで職員室にいくが、彼は親しみやすい先生とそうでない先生がいることを気づいている。全校マラソン大会でも友だちといっしょに完走する。達也の成長は、次のような小さな事件の中に端的に見ることができる。

終わりの会は吉川君も一年生のなかまに入れてもらうことにしている。吉川君が一年生のなかまに入れてもらうときは終わりの会の外に、音楽、体育、ときには図工、そうじの時間などである。

ある日の終わりの会。子どもたちは、きょう一日のくらしの中で、おもしろかったこと、こまったこと、いやだったこと、うれしかったことなど発表しはじめた。そのうち、ある子どもが、「そうじの時間、達ちゃん（吉川君のこと）に、ほうきでたたかれました」と、いうことがきっかけに

なって、次つぎと、

「達ちゃんに頭をたたかれました」

「達ちゃんに水をかけられました」

「達ちゃんに足をふまれました」

などと、吉川君を非難する発言が続きだした。と、とつぜん、吉川君が、「うおう！」と、大声をあげて立ち上がり、もういっぺんみんなに向かって、「うおう！」と、さけんで座った。子どもたちの間で、また、しばらく吉川君の行為、行動の非難が続いた。担任の井垣先生が吉川君の席に近づいて声をかける。

「達ちゃん、みんなにごめん　いうか？」

　吉川君は立ち上がり、しんみょうな態度で「ごめん」と、はっきり言うのである。

達也は、きっと「ごめん」と一言いうだけではなく、なぜ頭をたたいたのか、水をかけたのか、足をふんだのか、いろんな主張をしたかったのだろう。しかし、その想いは「うおう！」という叫びでしか表現できなかったのかも知れない。しかし、良くみんなの声を聞いていたら、自分のしたことをほんとうに悪いと思ったのかもしれない。また、もしかしたら、自分の非は非だが、日頃、学級の人たちが自分にどんな悪さをしたのかをも合わせて表現したかったのかも知れない。もしそうだとしたら「ごめん」はもっと複雑な達也の心境を表現したものといえる。その意味で黒藪さんが言うように達也は「自分の表現できないコトバ、コトバにならないコトバうんともっている。」（八五頁）そして、いずれにしても、達也は人と人との複雑な関係をわかりはじめたといえる。

## おわりに

黒藪さんの実践を読んで学ばされるのは、子どものどんな小さな変化にもその子どもの固有の意味があり、その変化の意味を受容するなかから、どんな子どもも発達へのねがいと可能性を持っていることを県体的事実でつかみ取っていることである。

達也は、一年間では文字を習得するにはいたらなかった。しかし、達也は、コトバを獲得する階段を確実に一段ずつ登ってきた。黒藪さんは、このひとつひとつの成長を教育の専門家としてしっかり見届けているが、同時に、達也といっしょに生活するのが楽しみになり、達也の変化をうれしく思うようになっている。生活をいっしょに楽しみ、成長を喜んでくれる人がいるということが達也のまっとうな意欲をはげましている。

こうした人間的関係がなければ子どもは安心して自分のすべてを表現できない。一般的に「子どものどんな小さな変化にもその子の固有の意味がある」というだけでなく、その変化を「教師が心からうれしくおもってあげられる」ことに、黒藪さんの実践の秘密があるのではないか。

黒藪さんに学んだことは、第一に、無条件に自分を受容してくれる人がいること、第二に、快い気分・感情を味わえる生活世界を豊かに広げること、第三に、自分のがんばりや小さな変化を心から喜んでくれる人がいることである。この三つのことは現代の子どもの切なる願いになっているのかも知れない。

（一九九四年）

# 第二部　日本作文の会の作文教育論の批判的検討

# V　日本作文の会「一九六二年活動方針」をめぐる問題

## 1　綴方における文章表現形体論の問題点
### ―六〇年代の綴方論を読み直す一視点―

戦後生活綴方の実践と運動をめぐって展開された多岐にわたる諸論争の再整理から新たな課題をどう析出するか、その作業は、単に論争を復元する整合的整理だけでなく、戦後生活綴方の典型的実践例の分析・評価を含むものとならなければならないだろう。同時に、この作業をすすめる方法意識が現代の生活綴方実践の発展を切り開くアクチュアルな課題によってささえられなければ、論争の読み直しから創造は生れない。

戦後生活綴方の中心的運動体であった日本作文の会にそくしてみる場合、五〇年代論争であれ、六〇・七〇年代論争であれ、それらに何らかの評価をくだそうとするなら日本作文の会の一九六二年の活動方針の評価と深く結びついていることに気づかされる。

## （1）生活綴方における「認識と表現」

五〇年代の綴方実践論のなかで、日本作文の会の「六二年活動方針」につながるひとつの論理は、「認識と表現」についての新たな展開であった。その典型を、今井誉次郎に見ることができる。

今井が、この時期、最も力をそそいだのは著書『生活綴方の認識と表現』（五九・二）であったと思われる。そこでの課題は、まえがきでものべられているように、「生活綴方における……認識と表現の関係を明らかにし、現実・認識・表現（言語表現）を、統一的・一元的に指導するすじみちを明らかにし、今後の国語教育をはじめ各科の教育・生活指導などにおける生活綴方や生活綴方的教育方法・作法などのあり方を究明しようとした」ものである。今井にとってこの問題は、すでに五五年に「考えの形は文の形」(1)という論文として手がけられていたものである。

その背景には「作文教育は……認識の教育だ」という考えがある。これは、今井にとっては意欲的な取りくみであり、当時の日本の民間教育研究運動が教科研究に大きな力をさいていた課題意識に綴方教育の側から応えようとするものであった。特に、文の類型化とそれに照応する認識の水準を明らかにし、「考えの成長と文の成長」の相互関連をソビエトの心理学者、シャルダコフの理論にしたがって説明している点が注目される。

しかし、誤りを恐れずにいえば、今井理論における文の発展と子どもの思考の発達との関係把握は形式的・機械的なものであった。今井があげている二、三の例を引用しておこう。

〔例　一〕

ａ　はびがわ（川の名）へいきました。

ｂ　はびがわへ　いきました。

ねえちゃんと　いきました。

ぼくと　いきました。

ゆたかと　いきました。

にいちゃんと　いきました。

ｃ　はびがわへ、ねえちゃんと、ぼくといきました。

ｄ　はぴがわへ、ねえちゃんと、ぼくと、ゆたかと、にいちゃんと四人でいきました。

今井によれば、ｂは思いだすままの羅列的な分析、ｃは総合的、関係的にとらえられており、ｄは数観念もたしかになっており、ａからｄへ文を指導していくことを認識の発達とみている。(2) はたして子どもがｂで書こうとしていたことは、ｄで表現されているのだろうか。

〔例　二〕

ａ　ばんに　なりました。

ふろへ　いきました。

ふろに　つきました。

ふくを　ぬぎました。
ふろに　はいりました。
b　ばんになってふろへいきました。そして、ふくをぬいで、ふろへはいりました。
c　ばんになって、ふろへいって、ふくをぬいではいりました。

今井によれば、aは行動を叙述的に羅列した文でbのようには書けないのであり、cは時間の経過にしたがった過去形の文で「子どもたちの認識を高めるのに、大そう役だっている」ということである。(3) aの文の行間にあるものは、b、cへ書き直される過程でどのように引き出されたのか。文の形だけとってみてもbの文より、cの文が良い文なのだろうか。

〔例　三〕
a　きのう　おかあさんたちが　きました。
ぼくんちの　おかあさんや、みんなの　おかあさんがきました。
ぼくたちの　おかあさんは　べんきょうを　みました。
b　きのう　ぼくたちのおかあさんが　きて、べんきょうを　みました。

今井によればぱ、aを総合するとbになり「いちだんと進んだことになる」ということである。(4) aでいいたかったこと、伝えたかったことは何であるのか、その真実表現したいことをありのままに表現させてこそ生活綴方として「いちだんと進んだことになる」のではないか。

右の例から、今井が文の発展・進歩としていることが生活綴方の目的にてらしてほんとうに子どもの認識の発展・進歩といえるのだろうか。もし、子どもの心のありのままの表現がのびているのなら、はじめの文が最後の文のような没個性的な生活へのこだわりもふくらみもない平凡な文とはならないであろう。今井の目をくもらせているのは、文の発展をみる際、表現の質をみずに形にこだわり、表現をよびおこす子どもの内的契機・心の波動を生活主体としての子どもにそくして全面的にとらえていないことである。

この今井理論が日本作文の会に取り入れられていく一九五九年に、今井理論を正面からきびしく批判したのは大田堯であった。大田は、五九年夏の日作大会で講演したが、それは「生活綴方の根本問題として の『生活と表現』― 佐々木昴の仕事をふりかえりながら ―」と題されていた。この演題そのものが明らかに今井理論、あるいは当時の日本作文の会の理論動向を意識してチャレンジングにたてられている。

大田は、綴方の根本問題は「生活と表現」にあるとし、例として「ぼくが、ぼくのおとうちゃんが、ぼくのボールをぼくに、ぼくに買ってくれた」という文章を「おとうちゃんがぼくにポールを買ってくれました」とスマートな形になおしたら、「子どものそのたどたどしい綴方の後にある、ほんとうに切実な感動が、殺されてしまう」(5)ことをあげて説明している。

「このたどたどしい文章を、文法的に正しい表現に直したことによって、文章形式の上では直されたのですが、その子どもの生活の中での真実というものの表現として考えたばあいには、むしろ改悪されたとも云えるわけです。(6)」

「この子どものたどたどしく書きつづった綴方からその背後にある生活の激動というものを汲み取った先生は、その子どもの心の激動をもっとちゃんとした筋道だった、もっと洗練された表現で云い表わせるように指導を加えるでしょう。……このことの中で、子どもの感動というものがいっそう質の高い感動に高められていくということが起ると思うんです。(7)」

「このたどたどしい表現と、生活の中でのこの子の感動を緊張においてとらえることによって、この子どもをより高い質の生活表現へと導き、質の高い人間に発展させることができるわけです。(8)」

この今井理論の文章観、文の発展のすじ道が生活綴方のそれといかに異質なものであるか、大田の批判は明瞭である。この今井理論が戦前・戦後の生活綴方のどのような理論と実践を継承したものなのか、戦後生活綴方にとってきわめて重要な問題である。

注

(1)、『作文と教育』に五五年一一月号から一〇回連載。
(2)、前掲『今井誉次郎著作集』二巻、七四—一七頁。
(3)、同前、二〇—二一頁。
(4)、同前、八六頁。
(5)、大田尭「生活綴方の根本問題としての『生活と表現』」『作文と教育』五九年一〇月号、一四頁。
(6)、同前、一四頁。
(7)、同前、一四頁。

(8)、同前、一五頁。　　（一九七八年）

## (2)　日本作文の会、一九六二年活動方針をめぐる論議

日本作文の会の一九六二年活動方針についてはこれまで多くの論評がなされている。その中で、まず、座談会「生活綴方の原像と現代像」（『教育』一九七〇年二月号）における横須賀薫の整理に注目しておきたい。氏は、六二年の活動方針が、生活綴方の固有の任務として文章表現指導を重視し、表現指導体系の充実をはかろうとしたことに特徴を見いだしている。そして、六二年方針を論議をする場合「文章表現指導そのものについて問わなければ、充分な批判になりえないし、生活綴方運動の前進のためにもならない」と論議を方向づけ、次の結論をのべている。

「戦後の生活綴方がたどって六二年運動方針が採用されてくるのは、歴史的にみればまさに遺産の継承のまっすぐな道の上である」

横須賀は、六二年方針の課題の設定の仕方に賛意を示しながらも、その課題の解決において生活との緊張を生活綴方は失っていないかと疑問を投げかけ「生活と表現」の軸の復権を主張していた。

この横須賀の整理は、後々まで論議を呼ぶのであるが、その座談会において、稲垣忠彦は、六二年方針の文章表現指導の系統化への志向が教育実践におけるリアリズムの質の追求とセットになって継承されたのか、と疑問を提示していた。この論点は、その後、三村由利子「村山俊太郎と六二年活動方針における綴方の定位とリアリズムの差異に関する素描」（『作文と教育』一九七一年二月）において引きつ

がれ、横須賀との論争に発展していく。

「村山（俊太郎）と六二年活動方針における『リアリズムの質』のちがいの検討を深くふまえることなく、教育の全体構造における生活綴方の定位の側面のみで『遺産の継承』を考えることは、歴史の一面的評価に陥ってしまう（中略）。むしろ、村山と六二年方針のもつ『リアリズムの質』のちがいを真剣に考えてみるところにこそ『遺産の継承』の際の重要な課題がひそんでいるととらえねばならない」（『作文と教育』一九七一年二月号、四五頁）。

志摩陽伍は「生活綴方における生活認識と生活の組織」（『作文と教育』七二年七・八・一二月号）において、六二年活動方針以降の諸論議を整理している中で、前記、横須賀整理への反論を試みている。氏によれば、問題は①生活綴方にとって集団づくりは本質的過程にふくまれるか、②文章表現指導の固有の任務を強調することが、即、文章表現指導体系づくりにむかうものなのか、そして、③その論理が横須賀のいうように、戦前の生活綴方の遺産のまっすぐな継承といえるのか、である。氏の、この時点で設定した究明すべき中心的論点は「文章表現指導を媒介として生活の認識と生活の組織、つまり人間の発達過程における認識と実践とが固く結合する契機」を綴方論として解明することであった。

横須賀、三村、志摩等の論点のひとつは、文章表現の質の問題であり、文章表現における発達の契機をどうとらえ、それを指導論としてどう構築するかにいきつくはずであった。そのためには、六二年以降の日本作文の会がつくりあげた文章表現指導の系統化に関する文献と実践を具体的に分析することが不可欠であったのであるが、論争は主に歴史遺産の評価と継承の問題を論拠に展開された。それは、論争の積極面であったと同時に、弱点にもなっていた。

この七〇年代初頭の三人の研究者における論争的交流を現時点においてどう発展させるか。筆者は、論文「生活綴方実践の創造」(『生活綴方』青木書店、一九八五年)において、前記、横須賀提案にふれ、文章表現の質的検討は今日あらためて論議してみる必要があるとのべたことがある。その意図は、①六二年方針を論議する場合、文章表現指導そのものを問うという横須賀提案を「リアリズムの質」を問うという三村提起の観点から深めること、②その際、七〇年代の発達論の成果を取り入れ、六〇年代の表現指導の系統化をささえた発達観を再検討してみること、にあった。

この作業は、提起するのは容易であるが、本格的に取りくもうとすれば多大な困難を背負い込むことになる。とりあえずは、六二年以降の日本作文の会の仕事の主要なものを読み直すことによって課題をさらに明確にすることへ進みたい。

## (3) 文章表現形体論の問題点

日本作文の会の六〇年代の主な成果は、文章表現指導の系統化をつくり、その実践的検証をすすめてきたことにある。その系統的指導をささえた柱は、横軸に、文章表現の指導過程論をおき、縦軸に、文章形体の段階論を配するものであった。ここでは、文章形体の段階論と文章表現の質の関係認識がどう深められていたのかを中心に見ていきたい。

日本作文の会が六〇年代の研究の成果としてまとめた文献として「日本作文の会が考えてきた生活綴方教育=正しい作文教育の指導段階(指導定式)(一九六五年)」がある。そこでは、文章表現形体を五つに分け、それを指導段階としてやさしいものからむずかしいものへという評価のもとに配列されている。

第一指導段階―展開的過去形形体
第二指導段階―総合的説明形形体
第三指導段階―部分的に別種・別形体の文または部分的文章をまぜたり、新しく現在進行形体の部分をはめこんだりする文章
第四指導段階―総合的概括形形体
第五指導段階―学習でえた力を発揮しつつ、意識性をもって、伝達性と作用性をもった文章

この「定式」にみられる文章の形体論は、六〇年代にどのような経路をもって取り入れられたものであるのか。この「定式」のひとつの基礎資料となったのは、日本作文の会編『作文指導系統案集成』（一九六四年、百合出版）である。その巻末に編集委員会名の論文「文章表現指導系統案のつくり方、使い方」が所収されている。そこでは、表現各過程の指導とともに、文章形体の段階が説明されている。

（1）　展開的過去形表現
（2）　展開的現在進行形表現
（3）　総合的説明形表現
（4）　総合的概括形表現

六五年の「定式」と比較すると、第二段階と第三段階が逆になっているが、文章表現形体の段階をひとつの原理として指導の系統化をはかろうとしていることは同じである。論文では文章表現指導とは、「生きた自然や社会や人間や文化の事物にたちむかった子どもたちが、そこからつかみとったものをひとまとまりの文章として表現するための指導」と定義づけ、その系統化をはかっていく際の困難性とし

て「子どもたちがどのような現実の事物と、どうとりくむかということの見通しをたてることはほとんど不可能に近い」ことをあげている。

そして、子どもたちに「個々の素材や、どんな認識〈物の見方・考え方・感じ方〉をさせるかが、個々の事実に即して明らかにならなければならないというものでない」という判断を下し、「文章表現指導の系統とは、あくまでも文章表現の指導の系統である」と結論づけている。こうして、系統化の論理は、個々の子どもの事物の認識をどう表現へ結びつけるのかという表現を個々の子どもの側からとらえる問題から切り離され、文化遺産としての日本語の文章表現形体をどう伝え教えるかという指導の問題に限定され整理されていく。

この切り離し・区分けの論理が当初自覚されていた困難性を克服し、系統化を可能にしたひとつの要因であったとすれば、その可能にした論理は、この時期の発展とみることもできるが、逆に単純化に結びつく危険をもともなっていた。もちろん、このことが、ひとりひとりの子どもの生活や認識にそくした指導を放棄したなどと結論を下すことは早計であり、事実にも反することはいうまでもない。ここでは文章表現形体の問題に限定して論をすすめているのである。

文章表現指導の系統化をつくっていく際、そのひとつの原理に、文章表現形体論が取り入れられる理由は、文章の形体と子どもの認識の相互関係をたどりながら、認識の質は文章形体にあらわれると仮説されていたのである。

「認識のかたちは、文章表現の上にもみとめることができる。それで、基本的には『考えの形は文の形』

『とらえ方の形は文章の形』『発想の形が表現の形』となってあらわれるといえるのである。このような意味で、文章表現形体を考えるのであって、認識を離れては、表現形体を考えることはできない」（前掲『講座・生活綴方』三巻、今井のまえがき　二頁）。

この今井理論は前章でもふれておいたように労作『生活綴方における認識と表現』（一九五九年）において作られ、その問題意識の原形は論文「文の形は心の形」（一九五五年）にある。

今井の『生活綴方における認識と表現』はシャルダコフの『学童心理学』に強く影響を受け、生活綴方を理論化しようとした労作である。そこでは認識と思考の発達（分析―総合、感性―理性、科学的認識、因果関係認識、など）と文の形体の発達を関連づけてとらえるという点では一定の成果をもたらした。しかし、文の形体においてとらえることのできる認識や思考の発達は、主に形式的側面であることに限定してとらえるべきところを、一般化を急ぐあまり、生活綴方において決定的に重要なねうちの認識や生き方の問題の認識レベルの発達と文の形体の関係を本格的には深めないままに、その後の定式化の基礎理論とされていった。シャルダコフの『学童心理学』自体、重大な弱点を含んでいた。その主たる点は、認識や思考の発達の契機、要因における「実践」概念の位置づけが弱いことと、作文指導論にそくして読めば、子どもの文章表現の主体的意欲を育てない書き方の教え込み的性格を色こくもっていることである。

以上、六〇年代の文章形体論の形成過程をみてきたが、文章表現指導を重視するということと表現の質の発展をどうとらえていたかという小論の問題意識からみれば今後いっそう検討されるべき次のような課題が析出できる。

第一に、個々の子どもの認識の発達とその表現への反映の問題が文章形体の指導段階論とどこで接点をもちうるのかという課題である。（同じ論理は表現各過程論にもいえる）それは文章形体の指導によって保障できる表現の質とそれがねうちや生き方を表現する質へ連続する面と文章形体の指導からだけでは達成できない表現の質の問題を区別し、検討を加えてみることにつながる。

第二に、第一との関係で、表現がのびるということと生活のねうちや生き方がしっかりしてくるということの高いレベルでの統一をどう理論化し、その指導論をどうつくりあげることができるのかという課題である。

これらの課題は、一九六五年以降の日本作文の会の実践と理論の発展の中でどう解明されたのか、七〇年代の日本の綴方論によってどう解明されてきたのか、あるいは、何が残されているのか。筆者の次の仕事としておきたい。

《補注》

村山における右の課題の探求は、本書第一部において鈴木久夫、津田八州男、黒藪次男氏らの実践分析において試みられている。彼らの実践は、実生活に向き合う生き方と表現のリアリズムを探求しており、日本作文の会常任委員会が当時提唱していた文章形体論の指導に認識の発達をみていく形式論・機械論のあやまりを実践的に指摘するものであった。

（一九八二年）

## 2　野名＝田宮論争の争点

### （1）はじめに

七〇年代の民主教育の実践と理論は、再び生活綴方教育への期待と要請を強めている。そして、生活綴方の実践と運動も六〇年代末以降、新たな高揚の時期をむかえているといわれている。「再び」とか「新たな」といわれるのは、五〇年代の生活綴方の戦後史的復興とその成果に対応してのことであろうが、そこでは生活綴方の再評価の課題が意識化されているとみることができる。

しかし、今日の生活綴方の再評価の課題意識は、五〇年代のそれをそのまま再評価してすむものではなく、七〇年代の民主教育論の発展段階にふさわしい形での再評価を要求している。地域の生産・生活構造、学校をめぐる教育環境、そして子どもをとりまく自然、文化、生活は、五〇年代のそれらから重大な変化をとげ、それにみあった生活綴方教育の発展が課題となっているのである。それは、「日本の民主主義教育の発展にとって生活綴方教育の意味と価値[1]」を今日の時点で再認識することであると思われる。

戦後生活綴方の歴史をふりかえってみるに、六二年の日本作文の会の方針「意義ある伝統のもとに確信をもって前進しよう」（以下「六二年方針」とする）をもって大きく二つに時期区分される。そして、前節でふれたように、六二年方針をどのようにとらえるかによっては、戦前・戦後の生活綴方の歴史のとらえ方も異なってくると考えられる。この論議のなかでの論点は主に三点に要約することができる。

第一は、六二年方針が「かつてわが会に、教育のすべてにわたって、かかりすぎていたその重荷を、各種専門研究団体が正当に分けあって受け持ちつつ、共同の成果をあげていく」とした際の「重荷」の内実と「重荷」と受けとめられた意識はなにかをめぐって。

第二に、生活綴方でおこなう生活指導を「事物についての、また事物に対する見方・考え方・行動のし方の指導」＝「世界観の基礎の形成のための指導」と整理し、それを「学級集団づくり」といわれる意味での「生活指導」と区別しながら「生活綴方の実践者が『生活指導』にとりくんだのは、子どもを受けもつ教師としてこれをなしたのであって、この種の生活指導ないし『学級集団づくり』が生活綴方のしごとと直接に密接不可分な関係をもつものではない」とした部分の整理の仕方の理解とその妥当性をめぐって。

そして、第三に、全体として、生活綴方を国語科教育に大きく位置づけたことをめぐって（その場合、国語科を現存する国語科としてのみとらえず、目標や内容において拡充・発展させられるべき国語科が展望されていた）。

この六二年方針は、教育全体の仕事のなかでの生活綴方の位置と固有の任務を規定しながら、戦前・戦後の生活綴方の遺産の継承の仕方に一定の判断を下しており、六〇年代以降の生活綴方運動の展開に重要な影響を与えた。それをめぐる論争においては、戦前の生活綴方の遺産の継承の問題に比して、戦後生活綴方の諸実践やそれとの関係で六〇年前後の民間教育研究運動の研究課題の力点のおかれ方の総括が充分なされてきたとはいえないように思われるのである。

筆者の課題意識は、戦後生活綴方教育の史的分析の基礎作業として、その理論的諸問題を明らかにすることであるが、ここでは、七〇年代に入り、生活綴方実践運動内部で活発に展開されている野名龍二と田宮輝夫の論争[2]に注目し、そこでの理論的争点を明らかにしようと思う。いわゆる野名＝田宮論争は、これまでの六二年方針をめぐる諸論議、それとかかわっての生活綴方の遺産の継承をめぐる論争と密接な関係をもっているだけでなく、「生活を綴るということ」の固有の教育的意味について、教育実践における綴方の位置づけについて、さらには、綴方指導の実際について、等、今日の生活綴方の進路を見定める上での重要な問題を提起している。そして、この論争が提起している問題を生産的に発展させるためには、戦後生活綴方の総括が基礎的ではあるが欠かせないものとして要請されているのである。

## (2) 生活綴方の固有の任務

野名が、一連の論文のなかで論争的に提出した問題の第一は、生活綴方のしごとの固有の任務をどうとらえるかである。氏によれば、生活綴方の仕事は、生活の現実認識を確かなものとしていくことであると同時に、それにとどまらず、文章表現活動を通して生活を教育の中で取りあげ、子どもの要求を意識化し、新しい生活態度、感覚、感情、意欲を呼びおこし、生活の事実にたちむかわせること、自然や社会や文化に主体的に働きかける行動を組織し「生活を自主的集団的につくりあげる」[3]ことである。右の「それにとどまらず」以下の部分が「表現による生活の変革」といわれている意味内容であり、この部分を生活綴方本来の固有の任務とすることに近年の日本作文の会の運動は自覚的に消極的ではないか、というのが野名の主張の核心である。

田宮は、生活を綴るということの意味のなかで「生活現実の認識を高めたり深めたりすること」に同意しながら、野名の主張の核心的部分であった「表現による生活の変革」を全教育的課題としては積極的に受けとめるが、そのことを生活綴方の固有の任務とすることには消極的である。そこには、「生活綴方教育活動に深くかかわることを強調するあまり、教育一般の問題に生活綴方の任務を解消してはならない(4)」という意識が強く働いている。

生活綴方の固有の任務をどうとらえるのかということにあらわれたこの両者の相違点は、生活綴方指導の実際の進め方をめぐる対立の基本的要因ともなっている。

生活綴方の固有の任務をどうとらえるのかという問題に関しての志摩陽伍の見解は、一つの方向を示している。志摩は生活綴方の固有の任務を「文章表現指導を媒介として生活の認識と生活の組織」としてとらえ、そこで「人間の発達過程における認識と実践(5)」の結合がはかられることを重視している。すなわち、生活綴方の任務を教授と訓育、教科と生活指導の両面をつらぬくものとしてとらえ、それを教育学建設の課題の観点から理論化することを提起したのである。この提起を戦後の民主教育論者の生活綴方への理論的関心に結びつけてとらえておくことは基礎的な作業として欠かせないように思われる。

大田堯は、生活綴方の教育観の本質は、「生活と表現」におけるリアリズムにあるとし、この「生活と表現」のリアリズムとは、生活と表現の間の溝から嘘をなくして真実で埋めてゆくことであり、そのことを通して一方では「子どもに生活についての質の高い認識へ到達させる(6)」と同時に、生活綴方のたどたどしい表現の中に子どもの生活の波動、感動、意欲をみいだし、それを共同のものとしていく中で「新しい社会的表現、つまり新しい歴史をつくる創造的人間を育てていこうとするほんとうの意味の教育」につなげてゆくものとして把握されていた。[7]

戦後早い時期から生活綴方に期待をよせていた勝田守一は、六〇年の段階で、「生活綴方は、なによりも、すでに自己疎外のとらわれの中にいる子どもに、自然と生活への眼を開かせ、心をたて直す作業を通じて、主体的な自由とゆがみのない認識と人間的なかかわり（人間的な集団）の可能性を育てていく」ことに価値をみいだし、「生活綴方は、そのまま生活指導ではない。それはちょうど生活指導と教科指導の二面を統一しながら、それらを強靭な太い芽として含んでいる」[8]とのべていた。その際、勝田が、作文は「ことば」（文）を練り鍛える意味があるとし、その「『ことば』は、人間的な認識の手段（実在とのつながり）であると同時に、人間的な関係の手段である」[9]ととらえ、生活綴方が生活指導と教科指導の二面を統一してゆく可能性の根拠としていたことは、今日、文章表現とその指導をどうとらえるのかに大切な示唆を与えているように思われる。

また、戦後生活綴方の理論化に努力した小川太郎は、教育の過程を人格の形成（主として、生活指導）と学力の形成（主として教科指導）としてとらえ、それを「訓育」と「陶冶」の理論として構築していった。そして、この理論の中に「実生活と教育の結合」の原則を一貫させようとした点に小川の特徴があった。こうした小川の教育学構想は、生活綴方の理論と実践を一つの重要な礎石とするものであった。ここでは六二年方針とのかかわりで小川の生活綴方論の一端をみてゆこうと思う。

小川は、日本作文の会六二年活動方針を、生活綴方のしごとの中心を文章表現の指導をする教科のしごととし、この「文章表現指導の中で『ものの見方、考え方、感じ方』を育てるのは生活指導ではなく『訓育』であり、生活指導というのは、教科の本来のしごととは区別された指導――『学級づくり』『学校づくり』―であって、生活綴方のしごとは、前者を自己の任務に含むが後者は直接ふくまないと規定した[10]」ものと受けとめ、道理にかなった整理であるとしていた。小川のこうした判断は、綴方万能論的傾向が生れていた中で「生活綴方のしごとが独自になっている文章表現の指導という任務を、とり立てて強調する必要もさし迫っていた[11]」という事情を背景としていた。

しかし、小川は、生活綴方の中心的しごとを文章表現の指導―文章表現の能力を伸ばすこと―においてとらえる場合でも、生活綴方の訓育的側面を軽視していたわけではない。「生活綴方は、文章表現の能力を伸ばすという重要な任務をもつとしても、それが生活綴方であるゆえんは、文章表現の指導において、文章表現の能力と知的な能力を伸ばすだけでなくて、リアルで人間的なものの見方、考え方、感じ方を身につけさせるというしごとをする点にある[12]」。

さらに、少しあとの論文において、生活綴方は「もう一度子どもの実生活の指導に目をむけるべきであろう。生活指導のしごとの中の、実生活をリアルに書き合うことを通して子どもの生き方の生成と変革をはかるという部分を……見なおすべきであろう[13]」と提起している。

小川が、生活綴方のしごとのなかで、「訓育」ないしは「生活指導」の側面を欠落させてはならないことを強調する根拠には、生活綴方は、「生活をありのままに見つめさせ、書かせ、発表させ、集団の成員にお互の生活を認識させ」ることを通して人間的結合をはかっていくこと、すなわち「生活綴方教育は、それ自身の中に人間を人間的に結合する方法を本質的にふくんで[14]」いるという把握があった。

以上、大田、勝田、小川等の生活綴方の固有の任務のとらえ方を素描してきたが、そこに共通しているのは、生活綴方の固有の任務が現実認識の発達と文章表現能力の形成にあると同時に、そのことを通して「生活の組織」「生活指導」「訓育」の側面をも本来的な仕事とするということである。しかも、そのことを主張する場合、生活綴方の目標、人間の文章表現活動の本来的意味、ことば（文）の社会的機能、綴方を読み合うこと、そして学級通信や文集作成のもつ意味を重視し、そこに根拠を求めていることに注目したい。

そこには、生活綴方における文章表現指導を一面的にではなく、豊かにとらえ返す多くの示唆が含まれている。われわれの研究課題は、大田、勝田、小川等の理論に反映した戦後生活綴方の諸実践それ自体を詳細に検討し継承しながら、今日の生活綴方の進路を見定めることに設定されねばならないだろう。

## （3）「認識と表現」における実践的契機

生活を綴るということの固有の意味に、表現活動による「生活の組織」「生活指導」を本来的仕事として組み入れることに消極的な見解は、生活綴方における文章表現を媒介にして現実認識を確かなものとしていく仕事、すなわち「認識と表現」の問題にどのように反映しているのだろうか。この問題が、野名＝田宮論争の第二の争点である。

野名は、「現実認識とその表現は生活綴方の核心である」[15]としながら、作文の会常任委員会が提唱している「現実認識とその表現」の指導が実際には、祖父母という題材で祖父母のいない生徒に先生や近所の祖父母を書かせたり、子どもの感動や意欲を充分くみとらず、色、形、動き、などのべつくわしく書くことを要求する実践傾向におちいっていることに批判を向けている。そして、この傾向の実践の弱点として、認識と表現の過程における実践的契機を組織することの欠如を指摘する。氏においては、生活を綴るということは「生活の事実にたちむかわせること」[16]であり、「具体的にあるがままに書くことは、現実の認識であり、自己の認識であるが、同時にそのことは創造・変革につながり、それを保障する（略）自分の行為、行動を発展させていく実践的なことである」[17]と把握されている。

野名の右の見解は、野名＝田宮論争にかかわって野名批判を展開した岩本松子の認識論と文章表現指導のとらえ方との関連でとらえてみるとより明確になる。岩本は、「現実の事物は人間の主観とはいっさいかかわりなく自からの法則にしたがって客観的に存在している。認識はそれらのできうるかぎりでの正確な反映であり、反映過程である」[18]とし、この命題を生活綴方に直結させ次のようにのべている。「生活綴方において、『ありのままに書く』『くわしく書く』ということは（認識論にもとづく綴方論を展開する際岩本においても『ありのままに書く』ことと『くわしく書くこと』とは、重要な区別がつけられていない ── 村山）、そうしたものとして認識を獲得するために書きことばを媒介として徹底的な直視（反映）をめざすことであり、記述の指導をはじめとするいっさいの文章表現指導はそのためのものである」[19]。

岩本が認識、認識過程を客観的事物の反映（過程）としてとらえることは観念論的認識論への批判としては有効であるが、弁証法的史的唯物論は、認識過程を客観的事物の単なる反映としてだけではなく、自然、社会、文化に対する人間の変革的実践が認識獲得の、そして人間自身の変革（発達）の重要な契機であることを教えている。子どもの認識の発達をとらえる場合、子どもを認識の主体としてとらえるだけでなく、生活の主体、行動（実践）の主体でもあるととらえ、認識の獲得が主体の行動（実践）を媒介とすることの第一義的意義を、生活綴方においても重視しなければならない。

矢川徳光は、最近の論文において、「人間の意識は客観的世界を反映するだけでなく、それを創造しもする」[20]というレーニンの命題に注目し、「子どもの能力発達の過程を反映論の観点からみることは大切である。だが、それを反映→習得として受けとめるにとどまるならば、その理論は反映論の機械的転用にほかならない」[21]と忠告を与えている。このことは、生活綴方における「認識と表現」を考える上でも大切な指摘になっている。

その例として、田倉圭市の論文「わたしたちが考え、実践している綴方の系統的指導」を取りあげてみよう（この論文は、田宮輝夫も属する八南作文の会の大方の点での統一見解とされている）。

ここで注目したいのは、生活綴方をささえている次のような教育観である。田倉によれば、子ども主体の要求、意欲、関心を子どもの「自発性」と「個別性」として受けとめ、それらは「外からの刺激によって育つものである。しかもその刺激を意識的に与えていかなければ「自発性」も「個別性」も育っていかないものである。その外から与える意識的な刺激が意図的・計画的な指導なのである」[22]とし、これを生活綴方の中に直結させている。

「生活綴方にもどっていえば、子どもの心がそこにむいていなくても、書きたいと思っていなくても、書かせる必要があれば書くようにしむけるということである。子ども主体をだいじにするから、要求をだいじにするからといって、子どもが書く気になるまで手をこまねいて待っているようなことはしないということである。子どもの心がそこにむいていなければ、むくようにしむけるのである」[23]。

私は、発達における自然成長説にもくみしないし、教育が意図的・系統的ないとなみであることに異論のあろうはずがない。したがって、子どもが書く気になるまで手をこまねいて待っているような綴方教師はいないと信ずる。しかし、子どもにある対象を書く意欲がないときに「書くようにしむける」ことが綴方の指導であると考える人は少数だろう。田倉の教育観、子ども観には、子どもが教育の客体としてのみとらえられ、発達の主体であるというとらえ方が希薄ではないだろうか。そして、子どもの発達を「外からの刺激」の量と質の問題にのみ還元してしまう発想を強く含んではいないだろうか。田倉論文からこのような疑問を感ずるのは筆者だけなのだろうか。それとも、田宮は、八南作文の会のリーダーである田倉が八南作文の会の大方の点での統一見解としてのべている右のような主張を否定するのだろうか。

六〇年代初頭の生活綴方理論の成果と到達点をまとめあげた講座「生活綴方」（全五巻）には、発達と教育の問題をとらえる場合、ルビンジュテインやコスチュークの理論に学びながら、それを生活綴方の理論に摂取し、生かしてゆこうとする意図がつらぬかれている（第一巻の国分・滑川「生活綴方の本質」、第四巻の国分「生活綴方教育方法の成立と到達、今後の展望」、第五巻の乾孝、矢川徳光論文）。この講座が全体として目ざした生活綴方理論の体系化は、十数年へた今日、この講座の到達点にもう一度たちもどり、批判的に継承することが課題となっている。なぜなら、先に引用した田倉論文における発達観、子ども観は、講座の先に示した諸論文が示した生活綴方の子ども観、発達観からの原理的後退にほかならないからである。

以上のべてきたことから、われわれは、今日の生活綴方の進路を見定める上で、生活綴方の基礎理論として、認識論そのもの、教育学における発達論、そして子ども観の今日的成果から学びとることが重要になっている。そして、それらと戦後生活綴方実践の中でたしかめられてきた理論をないあわせながら生活綴方の基礎理論を構築することは、一見遠まわりにみえながら、生活綴方実践の発展と諸論争の前進的解決方向を確実にたぐりよせることになるのではないだろうか。

## （4）文章表現指導をめぐって

野名の一連の論文を読むかぎりでは、氏が生活綴方における現実認識とその表現の指導において実践的契機を強調する場合、それは綴方の文章表現指導に対置されているようにみえる。そこでは、実践的契機が一面的に強調され、子どもの生活への働きかけ、生活の充実が文章表現の豊かさを無媒介的に保障するかのようにのべられており、文章表現指導の固有の意義が軽視される傾向を含んでいるかのように読みとれる。

「真にことばづかいを決定するもの、文章の形式を決定するもの、文体を決定するもの、それは生活と意欲性であり、人間に対する愛情と現実に対する批評批判の精神である」[24]「表現力とは、子どもが自分の生活を充実し、自ら成長しようとするより積極的な姿勢のことである」[25]「子どもに真実をかかせること、せいいっぱい生きているさまを自分にかかせることが文章表現指導だと思っている。それを読むこと、読ませること、読んで話し合うことが文章表現指導だと思っている」[26]

右の主張は、形式的な文章表現指導への批判としてのべられており、生活綴方の文章表現指導の重要な一面をついている点において単純に否定することはできない。しかし、氏の主張はそのことを一般化し、綴方の題材、構想、記述、文体、ことばの選択、等は子どもの意欲と生活自体が決定するとし、それらを独自に指導することに消極的である。野名への批判はこの点に集中している。

田宮は、野名の見解には「形式的な文章表現指導を警戒するあまり、子どもたちが文章に書き綴るという文章表現指導の独自性、それがもつ意味がすっぱり切りおとされ」ており、「『生活の意欲性』さえ育ってくれれば、子どもたちの文章表現力は自然に育ってゆくのだ」という主張になっていることを指摘し、次のように問題を再提起している。

「文章表現指導をぬきにして、生活綴方教育は存在しないのだから、文章表現指導そのものを否定するのではなくて、どのような文章表現指導を拒否し、どのような文章表現指導をおしすすめるのかを明らかにすることこそ今日の生活綴方教育を発展させる道ではないだろうか[27]」

黒藪次男は、野名の問題提起は「子どもの作品をひねくりまわし、子どものねがいや要求や感情までもそぎ落してしまっているような作文指導[28]」への警告であると受けとめながら、それは野名のいうように生活綴方における現実認識の指導の強調がもたらしているものではなくて、「現実認識の指導」それ自体の認識不足、理解のあまさによるものであり、綴方における現実認識の指導のあり方それ自体を明らかにする必要を提起している。そして、「無条件に実践的契機を与えることによって現実認識が深まる」と考えるのは経験主義であると批判を加えている。

こうした論議のなかで問われているのは、文章表現指導をどのようなものとしてとらえるのか、その内実をどのような要素から構成するのかであり、また、文章表現指導における表現技術の指導の意義をどうとらえるか、である。とりわけ、表現技術の指導に生活綴方全体のなかでどのような意義を与えるのかが争点になっている。

勝田守一は、絵の指導を例にとりながら、表現の力＝表現能力の発達と表現の技術・形式の本来的関係を次のようにとらえていたのは示唆的である。

「形式が形式主義者のいうように内容や実質を生み出すというように、私たちは考えることができない。（略）技術というものは感応の表現である形式に即して人間的、社会的意味を創造する必然的な過程である。どのような創造性も、この形式に即した表現の技術を訓練することを通さないでは発達する可能性はない」[29]（傍点――村山）。

勝田は、この訓練を「表現と構成の形式を学び、それを実現する技術の学習」[30]としてとらえ、この形式や技術の押しつけにも、また、その学習の軽視にも批判的であった。

「もちろん、形式は、子どもの感応や表現から離れて、外から押しつけられてはいけないだろう。それは内から感応の質に即して必然的に創出されなければならない。しかし、それはただ子どもたちの中からの湧出にまかせておくことはできない。民族が創造し、学びとり、伝え、淘汰してきた形式と技術とを学ぶことなしには、無方向なエネルギーの放出に終り、かえって内部から湧き出る能力を定着させ、自我を変革させることなく、一時の放散に終るだろう」[31]。

今日の生活綴方の授業論は、文章表現の形式と技術の学習において形式主義を廃し、あくまでも子どもの内からの表現意欲に即させることが求められるであろう。そして、文章表現の形式と技術の習得が文章表現能力の発達をうながし、それがさらに生活現実のリアルな認識を深め子どもの発達をうながすプロセスと論理を探究することの上に、綴方の授業論が正しく展望されるのではないだろうか。

野名・田宮論争は、三つの論点にわたって整理してきたことからいえることは、生活綴方実践の基本的問題をめぐって重要な課題が提起されている。確かに、田宮が指摘するように野名の主張には文章表現技術を子どもたちが獲得するための固有の指導の必要性を軽視する傾向が含まれているかもしれない。しかし、そのことが、即、田宮の見解の妥当性にはつながらない。むしろ、先に指摘した第一と第二の論点において田宮論は重大な弱点ないしは誤りを含んでいることの方が問題の根は深いと考える。

以上のような野名＝田宮論争の整理からすれば、志摩陽伍がこの論争にふれて、「野名さんと田宮さんとの間で生活綴方の本質把握の理論的レベルでちがいがあるのかないのか」と問い、「これはないといっていいのではないか」[32]（傍点――筆者）と結論づけていることには同意しがたい。その結論をささえている論拠は、田宮論文の一方的引用によるものであり、公平にみてきわめて不十分である。

生活綴方は新たな高揚をむかえている。それは、今日の教育現実と課題が生活綴方への期待と要請を強めていることに基礎をもっている。生活綴方の高揚を一時の高揚に終らせてはならない。この高揚のなかでこそ、綴方理論の反省と新たな発展が切実に求められているのである。

（1）志摩陽伍「生活綴方の進路」『教育』一九七五年九月号、六頁。

（2）一般に野名＝田宮論争とよばれているこの論争は、野名の批判的問題提起は当初、田宮に直接向けられたものでなく、その後の展開においても野名の批判はかならずしも田宮にのみむけられていない。

（3）野名龍二「続・生活綴方教育小論（二）」『作文と教育』（以下『作・教』とする）一九七二年四月号、三二頁。

（4）田宮輝夫「「生活綴方教育小論」を読んで」『作・教』七〇年一二月号、六五頁。

(5) 志摩陽伍「生活綴方における生活の認識と生活の組織（一）」『作・教』七二年七月号、一五頁。
(6) 大田堯「生活綴方の根本問題としての『生活と表現』」『作・教』五九年一〇月号、一八頁。
(7) 同右、一九頁。
(8) 『勝田守一著作集』第一巻、国土社、五二頁。
(9) 同右。
(10) 小川太郎『生活綴方と教育』明治図書、一八二頁。
(11) 同右。
(12) 同右、一八〇頁。
(13) 同右、一八七頁。
(14) 小川太郎『訓育と陶冶の理論』明治図書、一四二―一四三頁。
(15) 野名龍二　前掲『作・教』七二年四月号論文、三二頁。
(16) 野名龍二「生活綴方教育小論」『作・教』七〇年一一月号、六四頁。
(17) 同右。
(18) 岩本松子「生活綴方における『文章表現指導』とは何か」『作・教』七三年六月号、一三頁。
(19) 同右。
(20) レーニン、全集三八巻、大月書店版、一八一頁。
(21) 矢川徳光「子どもの発達と素質・能力・活動・人格」講座『日本の教育』第三巻、新日本出版社、一六頁。

(22) 田倉圭市「わたしたちが考え、実践している綴方の系統的指導」『作・教』七六年九月号、二一一―二一二頁。
(23) 同右、二二二―三頁。
(24) 野名龍二『作・教』七〇年一一月号論文、七五頁。
(25) 同『作・教』七五年六月号論文、六二頁。
(26) 同『作・教』七二年五月号論文、三三―三四頁。
(27) 田宮輝夫『作・教』七〇年一二月号論文、六五頁。
(28) 黒藪次男「野名さんの話を実践上の警告として受けとめた」『作・教』七三年六月号、九〇頁。
(29) 前掲『勝田守一著作集』一四二頁。
(30) 同右、一四七頁。
(31) 同右。
(32) 志摩陽伍「生活綴方における生活の認識と生活の組織(二)」『作文と教育』七二年八月号、一七頁。

(一九七七年)

# Ⅵ　戦後生活綴方の理論的課題
## ― 矢川徳光の教育理論に学ぶ（覚え書き）―

### はじめに

矢川徳光の教育学研究の仕事は、科学的社会主義を方法論とする教育学の確立にむけられた。その対象領域として主にソビエト教育学が選択された。ソビエト社会主義が世界の革命運動のなかで先進とみなされていた歴史的背景のもとでは、ソビエト教育学の研究紹介は、それ自体積極的意味をもっているとみなされていた。しかし、矢川の研究において、ソビエト教育学の研究をとおして日本の教育課題を解明していったことこそ、きわだった特徴をなしている。矢川のソビエト教育学研究の主体性と自主性という立場は、矢川の研究生活の出発点から確立していたわけではない。それらは、日本の革新運動と教育運動の直面した難問のなかで、日本の子ども・教師の願いと勤労人民の要求にそくした必死の格闘のすえ、いくつかの重大な誤りを含んで矢川において獲得されたものであるとみたい。

日本における生活綴方運動は、日本の教育が危機にさらされ、難問に直面し必死の格闘がもとめられたその時期に発展し、みなおされてきた。小論は、矢川徳光の教育学の仕事を生活綴方の分野から学んで意味づけようとするものである。

## 1　子どもから出発する教育学

### (1) 生活綴方の子ども把握の方法

矢川徳光の戦後教育理論の展開において、子ども(人格)から出発する教育学という方法意識が明瞭に打ち出されるのは、『国民教育学』(一九五六年)においてである。その着想は、すでに戦前のソビエト児童学の紹介研究[1]にあったとみることもできる。しかし、矢川の『国民教育学』は、戦後初期の精力的活動をへて、後でふれるがその時期の自己の理論への批判的総括を含んでいる点において、戦前、戦後初期からの転換を含んだ発展とみなければならない。矢川は、この著書において、戦後の教育実践・理論の問題状況に対する包括的分析の上に自己の積極的な教育学構想を提示している。それは、子どもから出発する教育学であった。

「教育学が真の科学性に接近するためには、それは子どもそのものの発達に具体化されている教育諸関係の矛盾とその止揚の道とをしだいにときあかしていかねばならない、と思う。教育学が科学となりうる道は、矛盾を内在させている子どもを『その生き生きとした生命において認識する』こと、『それを対立物の統一として認識すること』の方向にあると、わたしは考える[2]」。

教育学を子どもから出発させるという構想は、二〇世紀初頭の新教育のスローガンでもあったが、かれらの子ども観には子どもを社会的存在として、社会の矛盾をも内在させた存在として把握する点における弱さがあった。矢川はこの点を指摘しつつ、子どもを社会科学の諸命題で解剖する「社会科学」的把握にも、子どものいない教育学とのべ批判的であった。したがって、子どもから出発する教育学の第一の課題は、子ども（人格）をとらえる方法論の解明にむけられた。

矢川は、この時期、子どもは、社会的にも、自己の内面においても矛盾的存在であり、その矛盾の発動としての「自己運動・自己発展・自己教育の力をもそなえている小さな人格」[3]であると把握し、その実践的方法として生活綴方に着目している。

「子どもを把握する道は、第一義的には、子どもの内面にふれるということ、子どものうちがわからの反映をうけとるということであろう。（中略）生活綴方をとおしての、子どもの内がわからの・そとへの反映を、教師が（中略）社会科学の目をもってうけとり、その映像を社会科学の利器によって分析すること――それが子どもを科学的に把握する第一義的な仕事であろう[4]」。

矛盾的存在としての子どもをその内面においてとらえる生活綴方の子ども把握の方法が、当時の子どもの調査的研究やいわゆる「社会科学」の適用による子ども把握との対比でのべられていたことに今日的意味をみることができる。矢川は、調査的方法を否定しているわけではないが、その方法では生きた具体的な子どもやひとりひとりの子どもの個性の特殊性をとらえることは困難であり、この点において生活綴方の方法を高く評価したのである。

矢川の子どもから出発する人格形成学としての教育学構想、そして、生活綴方の子ども把握の方法にたいする高い評価は、矢川の戦後教育理論の進展におけるひとつの転換の上になされたことを見おとしてはならないだろう。矢川は、論文「教育研究運動の前進のために」（一九五五年）において、自らがおこなった戦後のコア・カリキュラム理論へのプラグマチズム批判がその運動（後の生活教育連盟）の民主主義的性格をも全面否定する形で展開されていたことを検討し、それを自己の理論上の問題として反省している。それは、矢川が深いかかわりをもっていた前衛政党の教育理論・運動の方針の批判的総括とも深く結びついている。矢川は、日本の良心的な教師・研究者の教育実践・教育研究を政治主義的に評価し運動を引き回す誤りがあったことを大胆に指摘している。たとえば、生活綴方に対しては、戦争や社会問題をなまのことばで露骨に書いているものを評価し、じみちな綴方には文化主義的偏向とか教育至上主義とかのレッテルをはって批判するとか、『山びこ学校』は良い文集かもしれないが山元村では選挙のとき共産党には三票しか入らないとか、の評価がなされていた[5]。こうした評価がなされる教育理論上の背景には、子どもたちの基礎教育の特殊性について、また教師の仕事はあらゆる階層の子どもの人格の基礎を形成することにある、ということへの無理解があったと矢川は指摘している。以上の反省・転換の上に、子どもの生きた具体的な姿から教育を考えていく方向が選びとられ、その中で生活綴方の子どもに生活現実を見つめさせ、それを子どもの内面をとおして表現させ、その表現の中に子どもをとらえていく方法の意味が矢川の教育理論にも反映したとみることができる。

## (2)　子どもをまるごととらえる

子ども、すなわち人格をどうとらえるかは、矢川の六〇年代以降のとりわけ七〇年代の教育学探究の中心課題であった。この時期、日本の教育は高度経済成長の下での能力主義政策により、人格形成の基盤である地域の自然、生活、文化の教育力が衰退し、学校は能力主義競争の場に変質していったことは周知のことである。そこでは、五〇年代とは異質な子どもの現状（学習意欲の減退、手の不器用、自殺、登校拒否、非行、からだ、等々）に直面し、子どもをどうとらえるかがあらためて教育実践・理論上の課題となる。生活綴方は、子どもの新しい状況の中で再び注目をうけ、期待と要請がよせられていく。

こうした課題に矢川は『マルクス主義教育学試論』（一九七一年）、『教育とは何か』（一九七三年）で応え、子ども（人格）の教育学の相からの把握を精緻に展開する。論文「クルプスカヤと生活綴方」では次のようにのべている。

「生活綴方教育は、クルプスカヤが書いているように、『その心のなかで進行しているあの複雑な内的世界をそなえた子どもの生きた人間的人格』を、全体的にとらえようとする教育の大道である。（中略）子どもの『複雑な内的世界』は生きた具体的な現実の世界の（または、その現実世界のなかの矛盾の）反映であるとみるので、生きた具体的な子どもを知るためには、そういう矛盾の反映をもふくめて、子どもを全体的な生活者としてとらえなくてはならない。（中略）クルプスカヤはそのことを『生徒をまるごとつかむ』ということばで表現している。生活綴方教育は、子どもたちを『まるごとつかむ』こと（全一体としてとらえること）をめざしている教育ではないか？」[6]

矢川は、加えて、クルプスカヤと生活綴方教育の共通点として、本を読めるだけでなく生きた生活をも読めるようにしなければならないこと、子どもの外界感覚の発達と情動性に重要な意味づけをしていること、そして、実生活と教育の結合を原理として重視していることなどをあげ、生活綴方教育の実践的力点とその教育理論的意義を説いている。

教育実践・理論の出発点に「子どもをまるごとつかむ」という課題は、七〇年代の日本の民間教育研究運動の、また民主教育理論の共通の課題となっていく。もちろん、そのことを矢川個人の理論的成果と主張するつもりはない。しかし、子ども（人格）をどうとらえるかにむけられた、氏の長年にわたる方法論的探究が力として発揮されていたことを否定することはできない。(7)

生活綴方教育にきわめて大きな期待をかけていた矢川の教育学を生活綴方の側から学びとっていくこと、子どもの文章表現活動とその指導にそくして理論的意味づけをすることは、生活綴方の理論を発展させる上で重要な課題となっている。

## 2 矢川の生活綴方理論批判

### （1） 認識・表現の発達における実践的契機の欠如

矢川徳光の仕事と生活綴方の理論との関連を明らかにしようとするなら、矢川が生活綴方の実践・運動に直接的にかかわった場面に注目せざるをえない。そのひとつに、論文「国分一太郎の思想の貧困―村山俊太郎と対比して―」（一九六六年）がある。矢川のこの論文は、国分の政治的立場の選択を批判することを直接の動機にして書かれているため、第一に、批判の論点が政治主義的に論断されている部分が少なくない点、第二に、当時の生活綴方の実践と理論がもっていた弱点を全体として取りあげることなく、その弱点を個人の理論的・思想的問題に典型化し批判した点において、公平さを欠いていた。こうした弱点をも認めつつ、なおかつ矢川の前記論文が当時の日本の生活綴方実践・理論に提起していた問題は何であったのかを解明することは無用でないばかりでなく、その真意をえぐり出し継承・発展させることは、今日の生活綴方の実践・理論の課題と深く結びつく。

今日継承すべき矢川の論点のひとつは、生活綴方における認識・表現と実践の関係についてである。「（生活綴方においてー筆者）認識の発達ということをとらえるばあい不可欠なモメントである実践（または行動）がまったく欠落している」「子どもを認識の主体とはみるが行動の主体とはみない」「子どもの認識諸能力のなかに行動または実践の能力を加えない[8]」

矢川は、右のように認識の発達にとって決定的契機（モメント）である実践（行動）の位置づけの弱さを突きながら、生活綴方における生活と教育の結合の観点が弱くなっていることへ批判をむけていたのである。

この矢川の批判は、「外的原因（外的作用）は内的条件を媒介として作用する」（ルビンシュティン）という命題を認識論の反映過程において貫くことを要求するものである[9]。すなわち・認識＝反映過程は単なる外的世界の機械的・静的な反映ではなく、主体の内的条件による客体の反映であり、その「反映作用は主体の活動を媒介としておこなわれる」もの、「反映過程では実践に主導的な役割[10]」（傍点ー筆者）があることが生活綴方理論に決定的に欠けているという批判であった。

矢川の前記論文は、今日的に継承・発展させる観点から読むならば、生活綴方における認識＝反映過程の個の「内的条件を静止的、受動的にではなくて、力動的《ダイナミック》、能動的にとらえる反映論[11]」の展開を求める問題提起であった。

## (2) 今井・国分・小川の綴方理論の問題点

矢川の問題提起は、当時の生活綴方の実践と理論状況にあってどのような意味をもちえていたか。そのことを当時の指導的論者であった今井誉次郎、国分一太郎、小川太郎の諸論において検討してみよう。ここでは三氏の生活綴方理論の全体的検討ではなく、その問題点だけを指摘しておきたい。

まず、今井の『生活綴方の認識と表現』（一九五九年）は、ソビエトの心理学者シャルダコフ『学童心理学』に学び、生活綴方における認識と表現の問題を究明しようとした理論的作業であった。今井は「生活綴方（作文）による生活指導は、子どもたちの現実の生活をとらえてその正しい生き方について指導し、認識と実践との関係をたしかなものにするうえで、非常にたいせつである」としながら、この任務と相対的に区別して（生活指導に傾斜しすぎていたという判断のもとに）「認識をいっそう確かなものにすること」すなわち「認識と表現の関係を明らかにし、現実・認識・表現（言語表現）を統一的・一元的に指導するすじみち」[12]を明らかにすることを課題にする。この問題のたて方は、認識を確かにすることが認識と実践との関連において深めるのではなく、逆に切り離される方向で設定されていた。生活指導の方向にのみ傾斜したということに関していえば、今井ものべているように「正しい生き方」「認識と実践との関係をたしかなものにする」という目的にそくして真の意味で傾斜していなかったことこそ問題とされるべきであった。

今井のこの著書における子どもの文章表現発達のとらえ方は、子どもの思考の形式論理的発達を機械的に適用する傾向を強くもっている。それは、先にふれたように「認識と表現」の指導を「子どもたちの現実の生活をとらえてその正しい生き方について指導」することとを切り離して考えようとすることから生じる必然的結果であった。そもそも、シャルダコフ編著の『学童心理学』の文章指導観は、およそ生活綴方のそれとは異質であるばかりでなく、対立的な部分をも含んでいたのである。たとえば、学校生活の歴史的発展についての作文指導において、絵をみて討論し、そこから教師がすじ書きと構成を板書し、模範文を示し、その枠内で子どもたちに作文を書かせることがひとつの典型として示されている。それは子どもの実生活ぬきの、主体的な意欲ぬきの表現指導になっており、教師による表現のおしえ込みの作文教育となっている。それは、矢川の指摘した、子どもの生きた生活実践ぬきの、子どもは認識と表現の客体となっており、内的条件無視の機械的反映論にもとづく文章表現指導論である。シャルダコフを学んだ今井等が、この重大な弱点を批判することなく、その理論を綴方の中に受け入れたことは、文章表現の発達のとらえ方をゆがめないではおかなかった。[13]（本書、論文Ⅴ、九四〜九五頁参照）

国分一太郎は、今井の『生活綴方の認識と表現』を念頭に入れつつ、作文と綴方とにおける認識の質の相違点という形で今井に批判を加えていた。作文は、「文章の部分の論理的脈絡がよく通るように書くこと、全体の文章がよく組みたてられたように書くなど」「比較、分析、総合、概念形成、抽象化、一般化、判断、推論などの能力をのばすこと」により「形式論理学で言う思惟の法則に合致したすじみちの立った文章を指導する過程での認識の発達の面を強調する」[14]ものである。それに対して綴方は、右のことをふまえながら、子どもたちがとらえた自然や人間の事物、現象の意味、そのとらえ方のよしあし、「子どもたちの判断・推論・願望・感動の質と価値などについても吟味」し、その質と価値を高めようとするものである。こうした作文と綴方のちがいの説明が妥当であるかどうかは検討の余地があろうが、国分がこうした論法で批判しようとした内容は理解することができる。

この文章表現の質と価値の追求がどのような生活綴方実践の構造を求めるのか、それが六〇年代の綴方論の焦点となっていくべきであった。六〇年代初頭に日本作文の会は、それまで生活綴方の中心的任務と考えられてきた「物の見方、考え方、感じ方、行動のしかたの指導」のうち行動のしかたの指導は全教育的な任務であるとし、生活綴方を国語科文章表現指導に位置づける。このこと自体、一概に否定することのできない側面をもっている。しかし、表現活動の成果として書いた作品にあらわれた日常的な生活問題の指導を生活綴方の固有の仕事ではないと国分が明言するとき、文章表現の質と価値は生活実践によって切り開かれ生活の質と価値から切り離され、文章表現をとおして生活をつくり生き方をたしかなものにしていく指導の側面の軽視が生じる。文章表現の質と価値の指導は、生きた子どもの生活（生き方）の指導によってはじめて可能であるという生活綴方実践のもっとも重要な教育原理が捨てられていく。矢川の国分批判の真意もこの点にあったと読むことができる。

今井や国分等の方向に、生活綴方は「教育を人民の実生活と結合するという点に、本質的意味がある」[15]という基本的観点から生活綴方論を展開したのは小川太郎であった。小川の生活綴方論を全体として論ずることがここの課題ではないので本論の課題にそくして問題点のみを指摘するならば、小川は、認識発達の法則を感性的認識から理性的認識へという段階論でとらえ、感性的認識は生活綴方、理性的認識は教科、という区分論を取った。この認識発達の段階論と区分論は、感性的認識が低次の認識として処理され、それ自体の固有の発達が人格形成にとってはたす役割が限定されてとらえられるがために、生活綴方にも限定的な可能性しかみいだせない構造になっていた。

以上、六〇年代の生活綴方論には、内的条件を充分とらえ切れない機械的反映論、文章表現における子どもの生活実践的契機の軽視、認識発達の質に対する機械的段階論、等の問題点をみることができる。その中にあって矢川の前記論文は生活綴方の実践と理論の進路にかかわる問題提起となっていた。矢川は、七〇年代に入り、反映論を能力発達の過程において展開している。

「子どもの能力発達の過程を反映論の観点からみることは大切である。だが、それを反映→習得として受けとめるにとどまるならば、その理解は反映論の機械論的転用にほかならない。反映論をふまえて能力・発達の問題を考えるとき、見失ってはならないのは、レーニンの次の命題である。『人間の意識は客観的世界を反映するだけでなく、それを創造しもする』[16]」。

これは、生活綴方に直接むけられたものでなく、教科教育をも含む全教育過程における能力発達の根木問題としてのべられたものである。このレーニンの命題を生活綴方論において受けとめ、具体化することは、生活綴方の認識論の基礎を深めることになり、リアリズム論の再把握につながると考える。

## 3　生活綴方の認識論的基礎

### (1)　実践的認識論の方法論的意義

矢川の国分一太郎の生活綴方理論批判は、生活綴方の実践・理論において認識論的基礎をあらためて検討することを要求している。それは、認識を反映過程としてとらえ、その発展の主導的な力を主体の能動的活動においてとらえることを生活綴方において展開する課題である。この課題に接近するためには、マルクス主義哲学における認識論をめぐる論議に学び、生活綴方の認識論的基礎を固める方法論を吟味しなければならない。ここでは、この作業課題へのひとつの試み的考察を行なう。

最近のマルクス主義哲学では、長年マルクス主義哲学体系のモデルとされてきたソビエトの哲学教科書の体系や毛沢東の哲学に対する批判的検討がすすめられ、マルクス主義の古典の再評価の仕事が進められてきている。

芝田進午等によって紹介研究された東ドイツの哲学論争[17]の中心問題のひとつは、マルクス主義哲学を実践を中心カテゴリーとして再編成することにあつた。従来の認識論において、客観的実在の意識への反映＝模写を強調し、そこにおける実践的契機を軽視する傾向が強く、反映＝模写過程が静的＝受動的にとらえられていることも批判の対象になっている。東ドイツの哲学論争の上に編集された『マルクス主義哲学』は、認識と実践の基本的関係を次のようにのべている。

「実践は認識過程の方向を規定するばかりでない。客観的実在のどの分野が認識の客体となるかということも実践の発達状態しだいできまる（中略）。認識は、社会的人間がその周囲世界とかわす能動的相互作用からしか生じることができない。まず、第一に、人間が自然および社会的諸関係へ物質的にはたらきかける範囲と程度しだいできまるわけである。客体との能動的で実践的な対決のなかでしか、客体の諸性質および諸連関は人間に開示されないのである。認識する主体と認識される客体のあいだの実践が仲だちするこの相互作用が、はじめて認識可能性をひらく[18]」。

岩崎允胤も「認識は対象をわがものとして獲得するところの実践の一環（対象の精神的獲得[19]）」であり、きわめて能動的な「対象変革的な過程[20]」としてとらえる。そして「人間の意識はたんに客観的世界を反映するだけでなく、それを創造しもする」というレーニンの命題における創造とは「認識の主観的能動性、新しいものの発見、新しいものの探究、新しいものの導出[21]」を意味し、認識における創造的反映を強調したものであり、その主導力を実践においてとらえたものであると解している。岩崎は、この能動的な実践による創造的反映を戸坂潤を引きながら「主体の実践的な能動による構成[22]」の問題として受けとめている。そして、カントが認識における模写説に反対してとなえた構成説を唯物論的基礎の上に再構築する課題として提起している。「カントは模写説に反対して構成説を主張したが、認識の構成の問題を唯物論的基礎のうえに考察することができなかった。戸坂の主張は、正当にも、反映論のなかに構成の問題が必然的に含まれなければならぬ、とするところにある[23]」。

認識と実践の二元論的解釈の克服を理論的作業とする瀬戸明は、「対象を理論的に《知る過程》がそのまま実践的に《作る過程》と浸透しあい、融合しあっている」ことを強調し「知ることは作ることであり、作ることが知ることである[24]」と主張する。そして、創造的反映過程は作りかえる過程であり、構成の問題であるととらえる。

「認識ないし反映活動は、その内容からみれば、あくまで素材的対象を構成する働きが中心であって、われわれは対象の反映をめざして、それを観念的に作り変え再生産するのである[25]」。

こうして、瀬戸は、あのレーニンの命題における「創造しもする」を観念のレベルではあるが「作りかえること」「構成すること」として把握する。

今日の実践的認識論が教えるところによれば、認識は対象によって客観的に反映が規定されると同時に、その反映過程は人間の能動的な働きかけの過程であり、人間の意識が対象を構成していく創造的反映である。この骨格を生活綴方において考えるならば、ただちに思いあたるのは、生活のありのままの認識をとおしてあるべき生活を組織（構成）するという生活綴方のリアリズムである。この問題を論じる前にもうひとつの問題を論じておかなければならない。それは、実践的認識論から生活綴方を学ぶにしても、認識（過程）と表現（過程）とは同一のものと考えてよいのかという問題である。

永井潔は、現実の像を描くことは現実を知ること、つかまえることであり、まず内容があり、しかるのちに内容を表現するというものではないとし、「創作活動は認識活動である」[26]ことを強調する（もちろん、人間の認識は表現を得る前にも存在することができたという意味では「認識は表現より広く大きい」概念である）。表現活動は、単に知っていくという認識活動よりはより積極的で能動的な認識活動であり、人間の実践の一形態である。表現過程では、客観的現実を創造的に反映する認識活動と認識したものに形を与えていく表現活動とが分かちがたく相互に働きあっている。[27]

生活綴方にそくして考えれば、子どもたちの文章表現活動は、書きことばをつらねて文をつくる表現活動をとおして現実生活を認識していく過程であり、その表現活動が能動的にすすめられるなら、現実生活のありのままを創造的に反映させつつ、あるべき生活を意識において再構成する過程である。このように、実践的認識論は、生活綴方における認識と表現のとらえ方にも方法論的意味をもっている。[28]

## （2）生活綴方におけるリアリズム論の再建

生活綴方における文章表現活動は、書きことばをつらねて文をつくることをとおした客観的世界の創造的反映過程である。この文章表現による創造的反映の固有性はどこにあるのか。小川太郎は、生活綴方の認識の質を感性的認識段階としたことは先にふれた。小川を含め、戦後生活綴方理論は、認識の発達を感性的段階から理性（科学）的段階へという説を取り入れ、生活綴方と教科教育の関係や文章表現の指導段階論を説明してきた。この問題についても、最近の認識論では、二つの性質を異にする感性的・理性的認識は「二つの段階ではなく、たがいに浸透しあっている二つの契機」[29]（傍点、筆者）であるとみなされ、その「発現においても、つねに、感性的なものと合理的なものとの統一をなしており、これら両契機のどちらを欠いても人間の知識は成立しない[30]」と理解されている。

生活綴方の文章表現活動をとおして獲得される認識にも感性と理性の二つの契機が統一的に働いているとみなければならない。したがって、文章表現による創造的反映（認識）の固有性はいずれか一方から他方への発展とみることはできない。その固有性は、両者の契機を含んで、文をつづるということに必然的に内在する創造性の中にみいださなければならない。それを、創造的反映の芸術性において考えてみたい。

西郷竹彦は、虚構の作文論において、子どもたちの書く作文にも虚構性を認め、その虚構性の質を「文芸性、あるいは芸術性、思想性[31]」においてとらえようとしている。

「芸術は虚構であり、そしてそれは単なる現実の反映ではなく、現実を反映しながらも、現実よりも高次の『現実』（真実と名づけてもよい）を創造しているからこそ価値があるのだ[32]」。

西郷の虚構とは、認識論でいう構成的な創造的反映によってもたらされた表現 ― 高次の現実 ― をさしており、その表現の質（虚構の質）を文芸性（芸術性）においてとらえようとするものである。それは、感性的認識と理性的認識の契機を統一的に含み、そのいずれか一方への発展としてとらえることのできない表現的認識の発展した質をあらわしている。

生活綴方では、表現の質をリアリズム論として探究してきた。生活綴方において、表現の質は生活認識の質との関連で評価され、児童詩の分野をのぞけば[33]、表現の質を芸術性によって評価することには消極的であった。それは子どもの表現に芸術性を求めるあまり、現実生活をリアルにみつめることが軽視されることを警戒したためである。そして、生活綴方におけるリアリズムとは生活性をあらわす概念として受けとめられ、その芸術性は消極的にあつかわれてきた。

この矛盾を解くためには、芸術をも認識とみることが必要である。芸術性の中心をなす美の感受について永井潔によれば美の感受は、「人間の認識の一部であり、愛情その他の感情と同じように、認識の人間的形式の一つ[34]」であり、認識を越えることはできないとのべている。戸坂潤も『認識論とは何か』の中で、次のようにのべている。

「リアリズムというのは、（略）芸術的認識の認識論上の一見解をさすのだが、芸術をも世界の認識と見ること、認識（又認識論）という観念をばそういう形にまで拡充することは、認識論に対しても芸術理論乃至一般に文化理論上に対しても、現段階に於ける吾々の期待であり哲学の新段階を画する規模のものと考えられるべきだろう[35]」。

戦前の生活綴方におけるリアリズム論は、現実の構成的表現を要求しつつ、表現の生活性と芸術性を統一する視点を切り開こうとしていた。佐々木昂は、「『ありのまま』も単なる純客観の映写ではなくてその一つの事象と個人意識の関渉によって構成されたものだ(36)」ととらえ、表現することとは生活現実と子どもの内面、意欲との緊張した関係を通して、あるがままの現実を素材として構成することであると主張していた。また、滑川道夫も次のようにとらえている。

「(リアリズムとは ―― 筆者）生活の現実性に立脚して構成することである。児童の側からいえば、ありのままに描くことをやめてその現実を作品に組み立てていくのである。すなわち、現実を構成することによって真実を構成するということを規範とするリアリズムである(37)」。

村山俊太郎もリアリズムのもとで、一方では生活台に根ざした表現を求めながら、他方、「世代における人間の生き方をもっとも真摯な立場に於いて探究(38)」する文学と生活綴方との共通性をみいだし、それを綴方の芸術性としてとらえようとしていた。しかも、綴方における芸術性は、生活性と切り離されてあるのではなく、「生活の高さ、深さ、豊かさなどが即ち芸術の性格を規定するものである(39)」とのべ、芸術性と生活性との統一をめざしていた。村山は、この芸術性において、人間の生き方にあらわれるもっとも人間的なものの表現をとらえようとしている。

「われわれは、芸術を高度化していく過程において『人間的感情』を昂め、また『人間的知性』を錬え上げ得る。芸術は、人間にとって一種の人間学であり、この道をとおしてのみ純粋な人間の感受が可能なのではあるまいか(40)」。

戦前綴方のリアリズム論には、機械的模写説を克服し芸術性が定位している。この綴方のリアリズムにおける生活性と芸術性のもとに人間の感情や知性がトータルに把握される一種の人間学を構想していたことは、矢川のいう「子どもをまるごととらえる」という際の「まるごと」の内容に照応する。

現代の生活綴方実践と理論は、戦前に切り開かれた生活綴方における認識論的基礎、およびリアリズム論をできあいのものとみることなく、また、その探究を教育学一般の課題に解消することなく、正面から実践的解明を与えなければならない。

（一九八二年）

（1）矢川は、『児童問題研究』一九三一年七月より「児童学入門」を一九三五年まで一一回にわたって訳出および執筆している。

（2）『矢川徳光教育学著作集』第四巻、青木書店、六四頁（以下『著作集』と略記する）。

（3）同前、八〇頁。

（4）同前、八一頁。

（5）矢川徳光『国民教育学の探求』明治図書、二六二～二六三頁。

（6）矢川徳光『教育研究と私の軌跡』明治図書、一三一～一三二頁。

（7）子どもをどうつかむかという問題に恵那の戦後の教育実践・運動の総括からまとめ的発言をしている石田和男は「子どもをつかむことは、子どもの人間としての総体を、現実の生活の総体との関係において考察し、発達の矛盾の実体を探りだすこと」とし、とりわけ、子どもの内面をとらえ、内面的活動をどう豊かに展開するかと提案している（東濃民主教育研究会事務局編『日本のなかで恵那の教育を考える』）一九七六年、三六～三九頁参照）。そこにつらぬいている方法意識の中に矢川の戦後の理論的提起との共通性を読みとることができる。

（8）矢川徳光「国分一太郎の思想の貧困」―村山俊太郎と対比して―」（『前衛』一九六六年一月号）七二～七四頁。
（9）矢川論文「ソビエト教育学における決定論の方法論的意義について」（『著作集』六巻所収）参照のこと。
（10）矢川徳光「決めるものと伸びるもの」『講座・生活綴方』第五巻、五〇頁。
（11）同前、五一頁。
（12）『今井誉次郎著作集2』合同出版、一〇～一一頁。
（13）筆者は、論文「戦後生活綴方理論の検証―その基礎作業Ⅰ」（『作文と教育』一九七八年七月号）において、今井のあげている例文を取りあげ「今井が文の発展・進歩としていることが生活綴方の目的にてらしてほんとうに子どもの考えの発展・進歩といえるだろうか」と問い、「今井の目をくもらせているのは、文の発展をみる際、表現の質をみずに形にこだわり、表現をよびおこす子どもの内的契機・心の波動を生活全体としての子どもにそくして全面的にとらえられていないことである」と批判した。
（14）国分一太郎『国語教育の未来像』新評論社、一九六〇年、二六五～二六六頁。
（15）『小川太郎教育学著作集』第三巻、青木書店、二二〇頁。
（16）矢川徳光「子どもの発達と素質・能力・活動・人格」『講座・日本の教育　三巻』新日本出版社、一一六～一一七頁。
（17）コージング、サイデル他（芝田進午編訳）『現代のマルクス主義哲学論争』青木書店、参照。
（18）A・コージング責任編集・秋間実訳『マルクス主義哲学　下』大月書店、七二〇頁。

(19) 岩崎允胤・宮原将平著『科学的認識の理論』大月書店、七五頁。
(20) 同前、七八頁。
(21) 同前、一一八頁。
(22) 『戸坂潤全集』第一巻、勁草書房、一四八頁。
(23) 岩崎、前掲書、一一九頁。
(24) 瀬戸明『現代認識論と弁証法』汐文社、一九頁。
(25) 同前、二三頁。
(26) 永井潔『芸術論ノート』新日本出版社、二〇頁。
(27) 同前、二三頁。
(28) 文章表現活動が認識活動の積極的形態であり、能動的に対象を構成していく過程ととらえるならば、生活綴方における表現各過程の指導は教師の働きかけの体系としてでなく、ひとりひとりの子どもの能動的表現活動をどう組織するのかという点から、また、書く過程において書く以前よりもどのような新しい認識を獲得させるのかという点から、補強ないし再構成されねばならない。
(29) 前掲『マルクス主義哲学　下』七七三頁。
(30) 前掲『科学的認識の理論』一一五頁。
(31) 『西郷竹彦』文芸教育著作集9』明治図書、七七頁。
(32) 同前、三三四頁。
(33) 江口季好『児童詩教育入門』百合出版、では、芸術教育としての児童詩の観点が次のようにのべられている。

「児童詩教育は、本質的な意味では国語教育のなかの芸術教育です。美的感動を指導することによって感情を陶冶し認識を発達させつつ人間を高めていく教育だからです。芸術の本質は美の真実を追求することであって、人間が人間らしい生き方をしようとする生命の充実感を求めるところに創造されるものです。これは教育のなかに正しく位置づけ、自分の感動を形象する力を養い、価値ある芸術にふれてすぐれた感動を蓄積することによって何が真に美しいものであるかを識別する力を伸ばしていくようにしなければなりません」（六一～六二頁）。こうした観点は散文の中においてもその軽重の差はあれ貫かれなければならない。

（一九八二年）

(34) 前掲『芸術論ノート』一六頁。
(35) 『戸坂潤全集』第三巻、四七〇～四七一頁。
(36) 日本作文の会編『北方教育の遺産』百合出版、二七頁。
(37) 同前、四七頁。
(38) 『村山俊太郎著作集』二巻、百合出版、一二三頁。
(39) 同前、二二七頁。
(40) 同前。

# Ⅶ　「推敲後の作品はその子の作品とは見なさない」指導は、推敲指導ではない

## ― 江口季好氏の推敲論への疑問 ―

### はじめに

生活綴方実践において文章表現指導の推敲過程をどう位置づけて、どう指導すべきか。このテーマは古くから生活綴方実践で論議されてきた。そこには、子どもの文章表現をどう発達させるかという具体的な指導の議論があると同時に、その推敲指導が子どもの表現の自主性をゆがめていないかという疑問が提示されていた。戦後では、野名龍二氏と田宮輝夫氏のあいだで行われたいわゆる「野名 ― 田宮論争」において、推敲の問題もひとつのテーマとして論議された。

ここでは、江口季好氏の一九九六年論文に対して村山が投げかけた疑問をめぐって、その後『作文と教育』誌上で展開された推敲論議を整理し、私の考えを述べてみたい。

## 1 江口季好論文への疑問

江口季好氏は「子どもの表現を大切にするということ」（『作文と教育』一九九六年六月号）において、表現の検討を行いながら、具体的な作品をあげて推敲指導に触れている。少し長くなるが関係する部分を全文紹介しておく、

四、表現指導の実践——その一つの方法
長大な充実した作文について「コンクール作文」「教師介入作文」などと言われることがあります。世にはそういう作文もあるように思われます。このために「子どもの書いたものについて、こまごまと推敲指導をすべきではない」という論になれば、これは誤りだと思います。書きたいこと、その内容や主題は、すべて表現によって定位されるからです。

私はよく初めに書いたのを「①の作文」とし、注意してまた書き直させたものを「②の作文」とし、さらに注意しつつ私の膝下で書き上げたものを「③の作文」として、作文の題の下に「①」「②」「③」とよく書いて文集にしました。②の指導をしなければ、また③の指導をしなければ、①の表現は成長しません。事物を細かに見る力も、正しい表記力も身につきません。もちろん、心のこもったもの、それがまちがい字が多くとも、それをこよなく大切にしつつ「ことばの用捨」の指導をします。

めぐみさん（心障学級）が、こんな作文を書きました。

ようふく（①の作文）　秋山　めぐみ

しろいねこのふくをかてくれました。あいすりむ《アイスクリーム》をたべました。おりがみをかてくれました。たのしかたです。おかあさんが、おかいものをしました。おにくをたべました。

ようふく（②の作文）　秋山　めぐみ

おかあさんが、せえたをかってくれました。わたしと、たえこちゃんとまっていました。せえた《セーター》に、しろねことくろねこがついています。たかいです。100えんよりたかいです。ぶらうすもかってくれました、わたしがきました。かわいいです。おかあさんがよろこびました。

秋山さんに、私は①の作文について「日記なら一日のことだからこれでいいよ。でも、買ってもらったことだけ題をつけて、よく思い出して、くわしく書いてね」と言って②の作文を書かせました。もっとよく思い出させて、そのときの会話なども入れて書かせたものは③の作文です。

こういう指導をつづけていくと、ある一つのことを正確にリアルに表現性を考えて豊かに書く力が身についていきます。その成長は①の自分の力で書いた作文によって見ていきます。「表現性を考えて」というのは、買いものに行ったことを書いて最後に「たのしかったです」と書くパターンなどについて「そのときどうしたの」と聞いて「『あした、このセーターをきて学校に行って、先生に見せたい』とお母さんに言ったら」などと話させて、生活の事実を、心をこめて書かせることです。

五、かけがえのない子どもの作品

子どもの書いた一つ一つの作品は、二度と同じものは絶対に書けない貴重なものです――。その子にとって大切なことを書いている作品は「いのちのことば」と言ってもよい「宝」です。そして、その価値は作者だけにとどまるものではありません。(以下略)

江口論文を読んで私は疑問を持ち、『作文と教育』の談話室(『作文と教育』一九九六年八月号)に投稿した。以下はその全文である。

江口論文への疑問

村山士郎

江口さんの論文「子どもの表現を大切にすること」(本誌六月号)を読みました。二〇~二一頁に、表現(推敲)指導によって書き直された二つの作品がでています。私は、一般的に推敲指導を必要でないとは考えません。しかし、めぐみちゃんの二つの作品は、本当にこれで良くなったのでしょうか。①の作品の「たのしかたです」と表現して書きたかったことは、②の作品の「おかあさんがよろこびました」だったのでしょうか。子どもが書きたかったことと、教師の「指導」が引き出したものとの間に、どうしてもひっかかって素直に読めません。
すぐれた児童詩といわれる作品がこのようにして作られているのかと思うと愕然とします。読者の方々は、どう読まれたのでしょうか。これは、野名＝田宮論争以来の古くて新しい論争テーマでもあります。参考までに、③の作品もぜひ読んでみたいものです。

この投稿文は、雑誌の「談話室」欄への投稿であったためにきわめて短いものであり、私の意図が十分に展開されていなかった。疑問の中心は、①の作品と、書き直された②の作品を比べてみると、確かに①は稚拙ではあるが、服を買ってもらえたことも、アイスクリームを食べたことも、折り紙を買ってもらったことも、おかあさんと買い物をしたことが「たのしかった」に主題があり、さらに思い出してお肉を食べたこともたのしかったと書いているのである。ところが、②では最初の一行目だけを切り取らせて、そのことだけをくわしく思い出させたものになっている。そのかわいい服を着たとき「おかあさんがよろこびました」というところに主題が変化している。この過程には教師のかなり強い「指導」が行われたのではないかと思われる。私の疑問はそうした「推敲指導」に向けられていた。

さらに、江口氏の文には指導論として気になる表現がいくつかみられる。

第一に「『子どもの書いたものについて、こまごまと推敲指導をすべきではない』という論になれば、これは誤りだと思います」という点である。裏を返せば「こまごまと推敲指導」することを許容することが書き出しで述べられている。その「こまごまと」とは筆者の語感において「ていねいな」という意味とは異質なものを感じる。

第二は、「①の作文」から「②の作文」「③の作文」へ指導していくとき「注意してまた書き直させたもの」「さらに注意しつつ私の膝下で」(傍点―筆者)という表現である。推敲の際に「注意する」とは教師が書き手に対してある事柄を示して指示するというイメージに近く、読み合いながら考え合ったり、子どもの自主性を大切にしながら推敲をうながすというイメージとは異なる。

第三に、第二で述べたような「注意して書き直させる」、②や③の「指導をしなければ、①の表現は成長しません。事物を細かに見る力も、正しい表記力も身につきません」と断言していることである。

## 2 江口氏からの「お答え」と村山の見解

私の投稿に対して、江口氏はていねいな回答を公表した。これも全文紹介しておく。

めぐみさん(心障学級)の①②③の推敲指導について ―村山さんへのお答え―

江口季好

心障学級担任以来、私は毎日のように六月号に書いたような推敲指導をしてきました。

(中略)

六月号のめぐみさんの文は四年生の一二月二〇日のものです。①は一人で書いたもの。②は「正確にリアルに」という私の指導目標によって、連絡帳を見ながら話し合ったあと書いたもの。①と②は分量も内容も違うのは当然なことです。また、さらに黒板に詳しく書いてやり何回も読ませます。これは③の作文で、最後は黒板の作文を一行一行大声で読ませながら消します。

こんな①から③までの推敲指導を十数年つづけました。この指導で子どもたちは文法的にも正しく、また詳しく書く力を身につけました。③の作文は研究会の資料として写しておいたものが少し残っています。②を私が黒板に書いてみせて消したものもあります。こういう実践なのでめぐみさんの③の作文はないのでお見せできません。

②や③の作文を文集にのせることもあります。こんなとき私は必ず題名の上に②③と書き、そばに「②は書くことを話し合ってから書いたもの。③はこういうふうに書くのよと教えて何回も読ませるもの。自分で③のように書けるようになってほしい」などと添え書きをして出しました。こうしないと、「うちの子はこんなにきちんと書けるようになった」などと子どもの成長に親も他の人も誤った見方をするおそれがあるからでした。六月号に「その成長は①の自分の力で書いた作文によって見ていきます。」と書いたのはこのことです。

私は通常学級担任のときも書く力がよく身についていない子どもには、この①②③の推敲指導をして表現力を伸ばしました。この推敲指導は大切なことであると私は考えています。今、②や③の作文をたくさんとっておけばよかった、推敲指導のよい研究資料になったのにと残念に思われます。

なお、村山さんが八月号に「すぐれた児童詩といわれる作品が――」と書いていられますが「四」のどこにも、めぐみさんのものにも詩のことを考えて書いていないし、どこにも「詩」ということばを使っていませんので、お答えできません。

（『作文と教育』　一九九六年一二月）

この江口氏の文のなかでは必ずしも明言されてはいないが、ひとつはっきりしたことは、①の作品を「自分の力で書いた作文」と見なしていることから、②の作品も③の作品もその子の作品とは認めていないということである。それは、江口氏から自宅に直接電話をいただき、説明を聞いて初めてわかったことであった。このような推敲についての考えを持っているとは、江口氏の論文を読んだときには受け止めていなかった。その意味で私は読み間違いをしていた。

私の「談話室」への投稿は関心を呼び、幾人からの投稿が『作文と教育』誌上に掲載された。そのことには後で触れたい。私が江口氏の「お答え」をどう読んだかを述べる前に紹介しておかなければならないことがある。それは、『作文と教育』誌は、一九九八年四月号より「討論のひろば」を設定し、その第一回に濱崎均「推敲指導について」（一九九八年四月号）が掲載されたことである。濱崎氏は、その間の議論を冷静に読んでいただき、村山への疑問を明確に提示してくれている。

そのポイントは、要約すれば、第一に、村山は一般的には推敲は必要だといいながら、実質的には否定しているのではないか。推敲指導が危険性を持つというのであれば、「村山さんにはぜひ具体例を示して『危険』性を実証していただきたい」と。第二に、村山のような考えでは指導を放棄することにつながり、「『指導』すれば伸びる芽があると教師が判断しても、認識の誤りがあると判断しても何も指導できないことになる」。それは新学力観における指導の否定と同じではないか、というものであった。

私は、『作文と教育』一九九八年五月号で次のような見解を書いて濱崎氏にこたえている。

## 現代の子どもを正面に据えた生活綴方論議を―濱崎氏に答える―

村山士郎

濱崎氏の本誌四月号の提起を読ませていただいた。『作文と教育』誌上での私の江口季好氏への疑問を冷静に討論の形にしていただき感謝している。討論・論争は、人格的信頼を前提にして大いに展開していきたいものだ。濱崎さん自身の考えをもう少し聞いてから答えたいところもあるが、それは、またの機会に譲ろう。与えられた紙面で、できるだけ今後の実りある論議につながるように答えてみたい。

### 一、推敲の後の作品はその子の作品とは見なさない

私の「疑問」が掲載された直後、江口さんから電話をいただいた。あとで誌上に「答え」を書くがと前置きして、答えてくれたことは二つであった。一つは、私が読みたいといっている③の作品はないということ、二つ目は、①から②③へと指導はするが、子どもの作品としては①だけを認めていると考えているし、そのように論文にも書いているということであった。私は、後者の考えには興味があり、ぜひ、誌上での「返信」にも書いて欲しいとお願いした。もう一度、江口論文を読んでみた。よく読むと、江口さんは、書く力を豊かにする指導をつづけながら、「その成長は、①の自分の力で書いた作文によって見ていきます」（二一頁）と確かに書いている。これだけの記述からだけではわかりにくいのであるが、電話で話されたことと合わせると、つまり、②や③の表現物は一自分の力で書いた作文」とは見なさないという考えが示されているのである（傍線 ― 村山）。この点で、私は、江口さん

の論文を誤読していた。

江口さんの「村山さんへのお答え」（一九九六年一二月号）では、②③の作文を文集に載せることもあるが、その時には「②は話し合ってから書いたもの。③はこういうふうに書くのよと教えて何回も読ませるもの。自分で③のように書けるようになってほしいと添え書きをしている」と書いている。なぜなら、子どもが③のように書けるようになったと「誤った見方をするおそれがあるからである」と明快に書いている。ここで江口さんは、推敲指導に学習的意味を持たせており、とりわけ、障害のある子どもに書きことばの基本を教えていく意味を大切にしている。私は、江口さんの見解になるほどと納得し、黒板にあった③の作品を消してしまった意味もよくわかった。

みなさんは、この江口さんの考えをどのように受け止めるのであろうか。私の考えを批判し、江口さんに賛意を示した方は、「推敲後の作品はその子の作品とは見なさない」という立場をはっきり持って指導にあたえられてきたのだろうか。そうであれば、推敲をめぐる論争は違った展開をするだろう。

## 二、感動の質か変わってしまうことでよいのか

私は、①②の二つの作品をどう読むのかにこだわっている。それは、推敲指導の問題というよりは、むしろ、子どもの作品を読みながら、子どもをどうとらえるかの論議である。

具体的に作品を読めば、①の作品では、めぐみちゃんの「たのしかたです」が宝である。服を買ってもらったこと、アイスクリームを食べたこと、そして折り紙まで買ってもらったことの三つのことが「たのしかたです」の内実だ。「たのしかたです」には、そのあと、お母さんと買い物をして、多分、

夕食にお肉を食べたこともはいっているだろう。この一日のことが全部「たのしかたです」と書いているのではないだろうか。

表現が豊かになるということは、この「たのしかたです」というめぐみちゃんの心の動きが、書くことによって、よりしっかりと一つ一つの事実とむすびつき、「たのしい」感情が自分のなかにふくらんでいく（ことばで内面化する）ことであると思う。ここにめぐみちゃんの感動の主題があるからである。

②の作品では、その一日のいろいろあったことから、セーターを買ってもらったこととブラウスを買ったことが切り取られ、家に帰ってその服を着たら可愛くて、「お母さんがよろこびました」という話になっている。ここでは、セーターと服を買ってもらった場面の切り取りができるようになり、書き出しから最後の一行まで文としてのまとまりができており、助詞の使い方など「書く力」がついている。

私が言いたかったことは、表現を豊かにすることは、めぐみちゃんの「たのしかたです」という体験的感動を、「おかあさんがよろこびました」という感動にずらすのではなくて、「たのしかたです」それ自体をもっとことばによる深い感動へと向かわせることではないか、ということである。私の疑問は、感動の主題が、①と②では異なってきてはいないかということなのである。「楽しかった」こと（主題）が指導によって変わってしまうことを、私は絶対に悪いとは言い切れないが、決して良いこととは思わない。そこで、私は、③の作品では、さらにどう変化したのだろうかと思い、③も読みたいという疑問となったわけである。

みなさんは、子どもの書きたかったことは何かという視点から、②の方がずっとよくなった。③があればさらに良くなっていただろうとお考えですか。そうした作品読み論議をもしてみたいものである。
（以下略）

この短い文のなかで言わんとしていることに補足的見解を述べておきたい。

ここまでの議論であきらかになったことは、江口氏は、推敲指導した後の作品をその子の作品とは見なさないという立場に立っていることである。それはこれまで誰もが唱えなかった新しい説である。江口氏は、推敲指導の後の作品はその子の作品としては認められないような指導をしていることをきわめて正直に述べているのである。江口氏のいう推敲指導は、教師の意図にそった文の書き方を学習させていたものといえるのかもしれない。私が「江口さんの論文を誤読していた」というのは、よもや江口氏がこのような推敲指導観に立って長年実践をしてきたとは思わなかったからである。

しかし、そうした立論をすることによって江口氏は逆に根本的な矛盾を抱え込むことになる。長年、生活綴方実践のなかで論じられてきた推敲指導の議論から大きく逸脱するものであることに江口氏はどれほど自覚的なのであろうかという疑問がわく。それは、推敲指導そのものを否定することにつながるからである。

村山は、推敲指導をした後の作品もその子の作品として認める。だから、その子の作品として認められないような推敲指導は、すべきではないとして、その「危険性」を指摘してきたのである。私は、推敲指導後の作品も作品として認めるからこそ、その変化をていねいに読もうとしているのであり、子どもの表現したかったことを歪めてはならないと述べているのである。一方、江口氏が「その成長は①の自分の力で書いた作文によって見ていきます」という見解に立っているのは、推敲後の作品を「自分の力で書いた作文」と見なしていないからである。それこそ推敲指導の意味を否定するものである。濱崎氏も『生活綴方辞典』から引用してくれているように「推敲は、究極には、自分の自主的な作業によらなくてはならないものである」ことを大切にしたいと考えているからである。この文を書いてから八年近く経つが、江口氏から村山の江口理解は間違っているという意見をいただいていないので、上記の対立的論争は今でも生きていると考えている。このことを江口氏はどう説明するのだろうか。

## 3　読者からの反応・批判への感想と意見　―論争のルールとモラル―

私の「談話室」への投稿のあと、読者からいくつかの投稿があった。

坂本千鶴子氏の「私はこう読む」（『作文と教育』一九九八年一〇月号）は、私の投稿に愕然として「私がしてきたこと、（略）しようとしてきたことを否定されたように思えたからです」と書いている。私には純粋な実践理論上の関心 ― 推敲はどうあるべきか ― から論じているのであり、長年実践を続けてきた人の仕事を否定しようとは思っていない。疑問や批判がその人を否定することではなくて、実践理論を発展させるための方法であることを理解していただきたい。そして、先に述べた江口氏の推敲に関する見解こそが、多くの実践家の仕事を、したがってまた坂本氏の仕事を否定しかねないものであることを理解していただきたい。

同じ号の『作文と教育』には、大野英子氏が送ってくれた障害児の二人のお母さんの感想が載せられている。

「障害児にもていねいに教えてくださると批判される」「障害をもつ子の親は、よろこんではいけないのでしょうか」という感想を持ったのであれば、私がこれまで書いてきたどのような論文を読んでもそのような教育観をもっていないことは証明できるのだが、ひとまずは、お詫びする以外にない。

ただ、これを受け取って編集部に送っていただいた大野英子氏は、長年、作文の会でも活動されているのだから、ここでも、率直な疑問の提示は決して子どもやその親や指導者を否定するものではなく、実践を発展させるためのものであることをひと言お母さんたちに説明して欲しかった。そして、長年、江口氏と児童詩実践の研究・交流をなされてきた立場からすれば、江口氏は、「②の作品、③の作品は、その子の作品と見ていないのだよ」とお母さんたちに解説してあげられたはずである。それとも、大野氏自身も江口氏の先に説明した推敲に関する「新しい説」を理解していなかつたというのだろうか。あるいは、江口氏と同じような「推敲指導」をやりながら、それを江口氏とは異なり、その子どもの作品として認め公表していたのだろうか。そうであれば大問題である。

濱崎均氏は『作文と教育』一九九八年七月号で再び「認識・表現と推敲指導」を書いている。この論文は、私の見解をまったく一八〇度読み違えて、それに基づいて批判している。

「村山さんは『推敲後の作品はその子の作品とは見なさない』という立場を明確にしている」（六〇頁）

「『推敲後の作品はその子の作品とはみなさない』というのは、話し合いによって友だちと教師の考えを受け入れた子どもを否定することになるのではないか」（六一頁）

このような村山への批判は、私の文章のどこをどのように読まれて出てきたのだろうか。よく読んでみて欲しい。繰り返すが、私は、江口の推敲指導論が「②や③の表現物は『自分の力で書いた作文』とは見ないという考えが示されているのである」と整理して、その意味で、「私は、江口さんの論文を誤読していた」と書いているのである。

論争をする場合、相手の主張を書かれている事実に基づいて取り上げ、偏見などを排除して真摯に立論することは、最小限のモラルである。書かれていなかったことを誤解したり、文を誤読することはないとはいえないが（私も先に触れたように江口氏の論文を誤解していた）、それが重要な意味を持つ場合には、気づいた段階で誤読を認め訂正すべきである。そうでなければ論争が意味を持たなくなることは明瞭である。

確かに、濱崎氏は、『作文と教育』（一九九八年八月号）に、「訂正」を出し、村山が「『推敲後の作品はその子の作品とはみなさない』という立場を明確にしている」と書いた部分を削除するという文を公表している。削除すれば問題がなくなるというものではないように思える。他者を批判する内容の核心部分を一八〇度間違っていたのだから、論文そのものを撤回するのが妥当であろう。

## 4　再び、何が問題なのか

江口氏のいう「推敲指導」に関する理解は、江口氏と私の間では共通である。但し、その評価はまったく対立的である。私の『作文と教育』一九九八年五月号の論文に対して、氏は、同誌、同年六月号において、「村山さんの『私は、江口さんの論文を誤読していた』『江口さんの見解になるほどと納得し、……良くわかった』という五月号の文で、九六年六月号以来のことはかなり解消されたと思います」と冒頭で書いている、つまり、私が「推敲後の作品はその子の作品とは見なさない」と江口氏が考えていると理解したことにおいては誤解が「解消された」のである。しかし、江口氏はそういう立論をすることによって、私とのあいだに推敲指導をめぐって決定的なとらえ方の違いが生まれていることに対しては何の反論もいただいていない。その点では、村山と江口氏のあいだには未発の論争が残っている。

『作文と教育』誌上の「討論のひろば」において、一九九八年四月号から一九九九年二月号にわたって、推敲指導に関して八回の誌上討論が行われた。

この誌上討論において、田倉圭市氏は、「江口論文(一九九六年六月号)の②③の表現物は『自分の力で書いた作品』とは見なさない、という考えが示されたという。ここを読んだ時、えっ、と思った。この点で論議されると、推敲指導が歪んでとらえられるおそれがある」(『作文と教育』一九九八年二月号、五八頁)と注意深く読み取っている。ここで田倉氏は、江口氏の推敲指導のとらえ方に驚いていることがうかがえる。本来なら、そこから江口氏への疑問が提示されなければならないのだが、田倉氏は江口氏の②の作品も推敲指導後のその子の作品と認める立場から論を展開している。田倉氏の推敲指導に関しての見解が典型的に出ているのは次のようなところである。

「通常、こういう指導をする時(江口氏の①から②③への指導のこと ― 補足は村山による)、作者が①の作品でたのしいとしてあげた三つのことを認めたうえで、そのうちのふくをかってもらってたのしかったことをよく思い出して書いてみて、と言って書き直しをさせる。作者は、その指導を受け入れて書き直しをするのだから、作者自身による推敲となる」（『作文と教育』一九九八年一一月号、五九～六〇頁）

ここには、私が推敲指導における危険性と指摘している問題があらわれている。

第一に、江口氏の指導した「ようふく」の①において「たのしい」と書いたことを認めつつとしながらも、「そのうちのふくをかってもらってたのしかったことをよく思い出して書いてみて」という教師の指導に関してである。この指導は、①の「ようふく」を読んだ時に、すでに、教師の方に指導の方針が決められていたのではないか。子どもとの話し合いの中で何を書きたかったのかをていねいに引き出す過程が見えない。つまり、どこを書き直すかの決定権が教師主導で決められているのではないかと思われ、子どもの何をどのように書くかの自主性を大切にする視点が軽視されているのではないかという危険性を感じる。

第二に、「作者は、その指導を受け入れて書き直しをするのだから、作者自身による推敲となる」という部分である。教師から「こう書き直して」と言われて、それを拒否できる子どもはどれほどいるのだろうか。こうした教師と子どもの関係を無視して、子どもが「受け入れて書き直しをする」というとらえ方をするのは乱暴としか言いようがない。

江口氏は、氏の行っている「推敲指導」が田倉氏のような指導内容を含んでいるので、子どもの主体的な推敲作業ではなく、教師の指示による推敲であるために「その子の作品ではない」と認識しているのではないだろうか。

中俣勝義氏は、いくつかの実践例を引きつつ、「子どもの認識の問題に、推敲指導でどこまで踏み込むことが許されるのか」(『作文と教育』一九九八年一〇月、六二頁)と問うている。そこから、「ようふく」の指導において、「たのしかたです」から「おかあさんがよろこびました」に変わることはありうるが、その場合には、「①から②という言い方は避けて、①は①の作品として評価し、②は②の作文として別の人格を持った作品と見るべきだと思います。だから、当然、①を推敲して②が生まれたというより、①を別の角度から見直して②が生まれたと見るべきでしょう」(同前)という見解を示している。問題は、その指導が、推敲指導という枠に入っているかどうかである。私の理解では、「別の人格を持った作品」とは、取材と題材(対象)にたいする主題意識からもう一度見直している過程が必要であり、推敲指導の枠を越えているのではないかと考える。

菊池邦夫氏、「推敲は、書き手の思いを、はっきりさせるために」(『作文と教育』一九九九年二月号)のなかで、推敲した作品を教室で読み合った時、他の子どもたちが「書き直すときの手がかり」とするために、作者にいくつか質問をする場面を報告している。その場合に気をつけていることを五点あげている。これは、推敲指導においても留意すべき事柄であると考える。

「1、絶対に誘導尋問をしないこと。

教師が勝手に推測して、単語などを口に出さないように気をつける。

2、無理強いしないこと。

3、聞きながら、相槌を打つのだけれど、具体的なことは(例えば、えらい、きつかったなど)出さないようにする。(1と同じになる)『そうか。う〜ん。そうだったの。それで。それから。なるほど。』など、話をうながしたり、安心して話せたりするようにつとめるだけだ。
4、質問は、焦点を決めて、具体的に問いかけるようにする。
5、終わりに『よく思い出せたねえ。そのこと、もう一度書いてくれる』と励ましながら書いてもらうようにする」（同、六二〜六三頁）
この五点は、菊池氏が推敲指導が教師の一方向的指導になることの危険性を自覚しているから、その危険性を避けるために大切にしていることをまとめたものと読みたい。

## 5　子どもの表現を歪めてはならない

結論を書いておきたい。江口氏が言うように「推敲」作業をした後の表現物を子どもが「自分の力で書いた作品」として認められないような「推敲指導」は推敲指導とはいえない。私は、そのような「推敲指導」が子どもの主体的な表現を教師の意図で歪めていくと考える。このような「推敲指導」によって書くことを学ばされた子どもは教師からの書き直す指示を待つようになるのではないか。そこに子どもの表現を歪める危険性が潜んでいるのである。

私は、この課題を考える場合、橋本誠一氏の論文「表現各過程の指導に生活綴方の目的と思想を」を読み直している。そこで、橋本氏は推敲指導に関して次のように述べている。

「この段階（推敲指導―筆者）では、読み返してみて、字句の修正や、記述、表現の修正で終わる程度に作品が出来ていなければならないだろう。それが主題の修正や構想の修正にまで逆上るのであれば、それは、もはや、取材段階において、題材として取り上げるに価しない事を書いていたことになるし、その内容を吟味していないことになる。（略）

いずれにしても、主題とのかかわりで、ものごとの捉えがどうなのか、表現はどうなのかを追求することで単なる記述だけの追求であってはならない。表現というのは、子どもたちのものとのかかわり、生きる意欲（表現意欲）の現れであって、それはいつも主題と一体のものであるはずだ。それを抜きにして、教師の主観で、ここはこのように表現した方がいいなどと言うのであれば、それは、子どもの感動と無縁のものであり、うその表現をするということにつながるからだ」（村山士郎編著『生活綴方実践の創造』、民衆社、一九八一年、二二三頁、傍点—筆者）

最後の数行は、幾多の生活綴方実践から導き出されたことばであり、今日においても繰り返し読み込んでみる価値がある。

最後に、表現各過程を、したがって推敲過程も教師の指導論からだけではなく、子どもの表現活動論からとらえ直し、その表現活動の発達的意味を深めていくことが生活綴方実践論の課題である。

（二〇〇六年）

## Ⅷ　生活綴方における「ありのまま」とは、生活の事実のできうる限り正確な再現なのか

### ―岩本松子氏の村山批判に答える―

この間、私の生活綴方の仕事に対して最も労力を割いて批判を展開していただいたのは、岩本松子氏である。岩本松子『生活綴方における「方法」の問題』（東京図書出版社、二〇〇二年、以下『「方法」の問題』と略す）では、ほぼ全体が村山への批判を展開しながら、自説の生活綴方論を展開している。批判の論点は、多岐にわたっているが、ここでは、その基本的問題に答えていきたい。

今回、岩本氏の批判とは言えない誹謗にも反論をしておく必要があると考えた。なぜなら、この岩本氏の見解は、決して個人的なものではなく、日本作文の会が一時期追求した実践と理論の典型的な主張でもあるからである。すなわち、岩本氏の実践は、日本作文の会の六二年方針以降、日本作文の会常任委員会が進めようとしていた「国語科作文の系統的指導」の一つの典型なのである。

同様の主張は、当時の常任委員や少なくない全国の実践者の実践報告に見出すことができる。当時の多くの常任委員は、岩本氏の実践スタイルと同質のものを追求し、普及に努めていたのである。その実践スタイルはいくつかの地域サークルに取り入れられ、いまでも変形しながら継承されている。岩本氏のような実践は、『作文と教育』誌上でも幾度も紹介され検討されており、当時は主な流れになりつつあったの

である。岩本氏は、日本作文の会常任委員会が主導的に追求してきた作文教育の実践理論を今日も一貫して主張しているのである。したがって、岩本氏の作文教育論を批判しておくことは、日本作文の会常任委員会が主に六〇年代に主張し、今もその影響が残っている作文教育論を批判することにつながる。

## 1　何が問題か?

岩本氏は、村山への批判を論文「作文の会の指導論をめぐって―いわゆる『自発的表現に即する指導』と『系統的・体系的指導』の区分けは、これでいいのか―」（『作文と教育』一九九一年二月号、村山士郎『現代の子どもと生活綴方実践』（新読書社、二〇〇七年に所収））から始めている。初めに批判の対象にされた私の論文の性格に触れておきたい。一九九〇年の合宿研究会では当時発刊された『作文教育実践講座（全一八巻）』（駒草出版、一九九〇年）の主に一巻をめぐって学習検討を行うことになった。常任委員会では、村山がレポーターになり報告することになった（「九〇年代作文教育実践論の課題、『作文教育実践講座』1巻を読む」、前掲『現代の子どもと生活綴方実践』所収）。報告に課せられた仕事は、一巻の論文をていねいに読んでそこから議論する必要な課題を析出して、合宿研参加者に提供するものであった。合宿研では村山報告の四つの柱のうち、指導論の整理の部分に論議が集中したため、その部分を『作文と教育』誌上でさらに論議するために、村山の名で掲載したものである。その経過については、先の論文において、合宿研では「広く討論を呼びかける方向がだされ」―、「公表にあたって、合宿研究会での討論をふまえ、資料をできるだけ原型のまま読めるように加え、若干の加筆修正を行った」(『作文と教育』一九九一年二月号、六一頁)と説明を加えている。こうした論文の性格を断ってあるにもかかわらず、岩本氏は、論文八頁の内、自分の考えを書いている部分は一頁と四五行だけであり、「村山氏は、常日頃子どもたちに本音を出させること、自分のことばによるありのままの自己表現を強調している学者である。その人がなぜ自分の口で、自分のことばで語らなかったのだろうか」(七頁)と皮肉っている。論文の性格を無視したこうした揚げ足取り的な皮肉は、論争には不必要であるが岩本氏の本の中にいくつも見受けられることは残念である。

この論文への岩本氏の批判の中心は、次のような点にある。

「黒藪氏(村山氏)の意図は明白である。日本作文の会の指導論――『われらの描く系統案』を含む一連の指導論の切り捨てである。それは、そこに貫かれている生活綴方の思想、そのなかに反映している世界観、事物観、認識観などの切り捨てでもある」(『「方法」の問題』、五一頁、以下頁のみはこの本からの引用とする)「ここまで考えてきてようやく見当がついてきたことは、日本作文の会の一連の指導論と、提起者・批判者(たち)の思考の根ざす立場の違い、その立場に根ざす生活綴方観の違いということである」(七九頁)

私は、日本作文の会の指導論を「切り捨てる」という論理を展開したことはないが、『われらの描く系統案』の指導観やそれを支えている生活綴方観には批判的であることは確かである。岩本氏も明確にも述べているように対立点は、「生活綴方観の違い」、指導観を支える「生活綴方の思想、その中に反映している世界観、事物観、認識観」にあることには村山もまったく同感である。この対立点こそ論じ合わなければならない中心課題である。そこで、岩本氏への反論は、生活綴方を支える認識論・反映論の問題から入ることにしたい。

## 2　生活綴方観の基礎理論をめぐって　―村山は機械的反映論者か―

岩本氏は、『「方法」の問題』に「八、反映論の再構成」という章を設けて、村山の認識論「批判」を展開したつもりになっている。はたして批判になりえているだろうか検討してみよう。

岩本氏は、矢川徳光の論文に学んだとして、レーニンの『哲学ノート』の引用をし、その解釈を村山が誤っていると述べている。

『哲学ノート』の「人間の意識は客観的世界を反映するだけではなくて、それを創造しもする」を村山が「客観的世界を認識することは、客観的世界を自分のなかに反映させるわけであるが、その際客観的世界を鏡のように反映させるだけではなくて、それを創造しながら反映させる」と解説していることに批判を向けている。

特に、「客観的世界を鏡のように反映させるだけではなくて、それを創造しながら反映させる」の前段と後段を分離して取り上げ、村山は、二つの反映観を持っていると強引に解説し、さらに、驚くべきことに村山の反映論を先の引用の前段のみに限定し、「『鏡のような反映』観こそが氏の『反映』観、『意識』観なのである」（二五三頁）と断定している。

そこから村山は、機械的反映論者にされ、その後の批判が展開されている。

「村山氏の『反映』観―固定的静止的な事物観に根ざす―からするならば、『反映』＝『認識』とは運動でも相互作用でも過程でもない。それならば、『系統的・体系的指導』も『指導段階の定式』も『系統案』も必要ないはずである。認識には、『不完全なものから完全なものへ、単純なものから複雑なものへ、低次なものから高次なものへ、具体的なものから抽象的なものへ、現象的なものから本質的なものへ』などの螺旋的な上昇運動、飛躍的な発展などはあり得ないからである。主体の内的条件を複雑に屈折しての相互作用のない『鏡のような反映』にどうしてそのようなすじ道があるのだろう。あるのは、固定的な事物、認識対象を瞬時に写しとらせるとの内的条件を無視した機械的恣意的な『とりこみ』＝同化だけである。反映とは同化的認識なのである。それは主観と客観との媒介的な相互作用の否定である」（二五八頁）

ここでは、村山が後段で言っている「それを創造しながら反映させる」ととらえていることをまったく捨象して、強引に村山が機械的反映論者であると決めつけて、批判しているのである。白と黒と言いくるめる驚くべき論法である。しかも、村山は、反映過程が「主体の内的条件を複雑に屈折」することを認めていない認識論者なのだそうだ。

確かに、村山の引用された「鏡のように反映させるだけはなくて」という表現は、岩本氏も「勇み足でなかったなら」（二五三頁）と指摘しているように、不正確なものであった。引用された論文「生活綴方におけるリアリズムの教育思想」は、講演をおこしたもので、今読んでみるとテープ起こしの原稿に十分に正確を期す校正が入っていない部分もある。

正確には「客観的世界を鏡のように反映させるだけではなくて」ではなく、「鏡のように反映させるのではなく」と書くべきであった。だからといって、後段の「それを創造しながら反映させる」と書いている部分をまったく捨象していいということにはならない。私は、論文集『生活綴方実践論』を編集する際に、岩本氏の引用した論文の次に論文「戦後生活綴方の理論的課題」（本書、Ⅵ参照）を入れて村山の主張をより鮮明にしておいたのである。（本書、一二九〜一三六頁をふりかえって読んでいただきたい。）

その論文を読むならば、村山が機械的反映論者であるとはとうてい読めない論脈になっている。

その結論は次のようなものであった。

生活綴方にそくして考えれば、子どもたちの文章表現活動は、書きことばをつらねて文をつくる活動をとおして現実生活を認識していく過程であり、その表現活動が能動的にすすめられるなら、現実生活のありのままを創造的に反映させつつ、あるべき生活を意識において再構成する過程である。このように、実践的認識論は、生活綴方における認識と表現のとらえ方にも方法論的意味をもっている。

岩本氏は、拙著『生活綴方実践論』の二二一頁を読んで引用もしながら批判を加えているのだから、その三頁後からはじまる村山の反映論についての考え方をよりくわしく展開している論文を読むべきであった。そうすれば、村山が機械的反映論者であるとどうして断言できたであろう。また、氏がわからないとされた「再構成する」という意味にも村山の解説を見つけることができただろう。村山はそこで、次のように述べているのである。

「今日の実践的認識論が教えるところによれば、認識は対象によって客観的に反映が規定されると同時に、その反映過程は人間の能動的な働きかけの過程であり、人間の意識が対象を構成していく創造的反映である。この骨格を生活綴方において考えるならば、ただちに思いあたるのは、生活のありのままの認識をとおしてあるべき生活を組織（構成）するという生活綴方のリアリズムである」

ここを確認できたならば、その実践的認識論をどう学び、生活綴方実践に創造的にどう取り入れるかを生産的に論争できたであろう。そして、ここで確認しておきたいことは、村山が実践的認識論に学びながら、その理論を生活綴方実践に取り入れようとしていたことである。したがって、岩本氏が村山は「『鏡のような反映』観こそが氏の『反映』観、『意識』観なのである」という乱暴な断定は根拠を失うのである。その根拠が失われれば、当然、村山への批判の論拠は成立しない。

また、村山は、反映過程が「主体の内的条件を複雑に屈折」しない「同化的認識」論者であるという批判にも反論しておきたい。

発達と教育の関係において、「外的条件は、内的条件を介して発達に作用する」という理論が日本の教育学に理解され始めたのは矢川徳光らの研究紹介によるソビエト教育学の影響である。とりわけ、ゲ・エス・コスチュークの理論が注目された。そのコスチュークの論文は、当時、一部の研究者しか読めなかったものを、一冊の本に翻訳したのは村山を含む当時の若手の研究者であった。村山士郎ほか訳のコスチューク『発達と教育』（明治図書、一九八二年、コスチューク論文は、本論集の第一巻に収録してあるので参照してほしい）である。そこでは、次のような発達理論が展開されている。

「人格の諸特性は、外からの教育的働きかけの直接的結果ではない。（略）成長中の人格の心理的特性の形成における客体的条件と主体的条件との統一を指し示している。（略）客体的条件は、主体的な諸条件を通して、子どもの活動をとおして、彼に作用をおよぼす」（『発達と教育』、一〇七頁）

「これらすべての諸条件（外的条件としての教育的働きかけ ― 筆者）は、子どもに、そして特に生徒に直接的に作用するのではなくて、それらにたいする子どもの態度をとおして、かれの生活のなかで実際にうごめいている傾向や意欲とむすびついた子ども活動をとおして、屈折しながら作用するのである」（同、一一〇頁）

この論理は、認識論における反映過程にも適用される。機械的な反映論に批判的であった村山は、当時ソビエトのウクライナ共和国のキエフにあった心理学研究所をたずねて、コスチューク論文を翻訳することの同意を取り、日本に本格的に紹介したのであった。このような村山の研究活動からして、岩本氏が村山の反映過程は「主体の内的条件を複雑に屈折（する）」を欠落させた機械的反映論者だということは返上しておきたい。

ここで、もうひとつ重要な問題がある。それは、六〇年代～七〇年代の日本のマルクス主義の認識論の主流は、先の引用にもあるように唯物論ではあったが認識過程における主体としての人間の実践的契機を十分に認めるものではなかった。岩本氏もその時期に書いた論文は、後に触れるがソビエトの哲学教科書などに強く影響を受けたものであった。

岩本氏は、論文集『生活綴方の思想と実践』（百合出版、一九八八年）の「生活綴方における『文章表現指導』とは何か」（初出『作文と教育』一九七三年六月号）において、野名龍二氏の生活綴方における表現指導論を批判している。私は、岩本氏と野名氏の論争に割って入るつもりはない。問題にしたいのは、私が機械的反映論者であると批判している岩本氏の認識と表現のとらえ方、反映論のとらえ方こそが、当時のソビエト哲学に影響された機械的反映論を色濃く持つものであったことである。次の岩本論文の一部を読んでみて欲しい。

「今さらわたしのような者がのべるまでもなく、人間の認識も感情も現実＝客観世界の反映以外の何ものでもない。現実の事物は人間の主観とはいっさいかかわりなく、自らの法則にしたがって客観的に存在している。認識とはそれらのできうるかぎりの正確な反映であり、その反映過程でもある。そして、認識を育てるということは、そうしたものとしての現実の事物を感性的経験と、感覚・知覚に基づいて発展する思考（思考もまた客観的実在の反映である）とによって能動的に反映させることにほかならない。そして、科学的な認識とはその全面的な本質的な反映であり、観念（現実の事物の模写・像である）と現実＝客観的実在との一致が証明され点検されるようなしかたでもって発展させる場合にのみ、獲得することができるのである」『生活綴方の思想と実践』一〇八頁、傍点―筆者）

少なくとも一九八八年段階では、岩本氏は、上記の考えを修正する必要を自覚されていなかったのである。ちなみに、村山の論文「戦後生活綴方の理論的課題」は、一九八二年に『講座　現代教育学の理論　第一巻』（青木書店）に発表されたものであり、『生活綴方実践論』に収録されて出版されたのが一九八五年である。

岩本氏は、まず、事物は人間の主観とかかわりなく客観的存在であることを述べている。そのことに異論はない。そして、「認識とはそれら（客観的に存在する事物―筆者）のできうるかぎりの正確な反映であり、その反映過程でもある」とする。問題は、「できうるかぎり正確な反映」とは、どのような反映過程として理解しているかである。また、岩本氏は、その反映過程は「能動的に反映させること」ととらえている「能動性」のとらえ方である。氏は、「できうるかぎり正確な」反映、「能動的」反映をどうとらえているのか。

がてきるのである」

「科学的な認識とはその全面的な本質的な反映であり、観念（現実の事物の模写・像である）と現実＝客観的実在との一致が証明され点検されるようなしかたでもって発展させる場合にのみ、獲得することができるのである」

岩本氏の理解している「できうるかぎり正確な反映」は、「観念と現実＝客観的実在との一致」なのである。つまり、客観的実在に近づけば近づくほど科学的認識が発展しているというとらえ方なのである。岩本氏の「観念と現実＝客観的実在との一致」ということは、科学的認識過程であり、観念（意識）に客観的実在をできうるかぎり一致させる反映過程としてとらえられている。したがって、能動性もまたその反映過程をすすめるという意味での能動性なのだ。岩本氏によれば、観念は「現実の事物の模写像である」なのだから、反映過程は「模写」であるともいっているのである。それでは、村山を批判してやまない「鏡のように反映させる」とどれほどの違いがあるのだろう。ここには、「人間の意識は客観的世界を反映するだけではなくて、それを創造しもする」の命題の「それを創造しもする」という現実を再構成しながら創り出していく反映プロセスのとらえ方をみることはできない。これこそ機械的反映論そのものではないか。もちろん、その反映の度合いは、自然科学と社会科学においては異なることを考慮しておく必要がある。

岩本氏は、この立場を今もとり続けているのか、それとも変更されたのか。そうだとすれば、それは何時どのような理由によってか。私の見るところ、『哲学のノート』からの解説などを入れてはいるが、認識論における「観念と現実＝客観的実在との一致」という反映論は今も堅持されていると見ざるをえない。そうだとすれば、村山を機械的反映論者と意図的に曲解し、それを前提として書かれている

『「方法」の問題』での私への批判の大部分は、そっくり岩本氏自身への批判に転化してしまうのである。そのことにお気づきにならないのだろうか。

岩本氏は、「観念と現実＝客観的実在との一致」にもとづく認識論を生活綴方実践にも適用していくのである。

> 「生活綴方の教育はひとまとまりの文章を書き綴らせることによって、すなわち書きことばを媒介とすることによって、認識の獲得（意識内への反映）をいっそう正しく豊かに実現させようとするものである。子どもたちの書き綴った文章とは何か。それは書きことばによってより能動的に反映され紙の上に固定された現実の事物のある局面の反映物――社会的諸関係の総和としての認識と実践の主体者、発達の主体者としての子どもの内界を屈折した――である。そして、記述とは書きことばによる意識内への能動的な再反映の過程＝追体験の過程であり、推敲とは現実の事物と徹底した照合・点検の試み、反映のしなおし、吟味をさせることにほかならない。（略）
>
> 生活綴方において「ありのままに書く」「くわしく書く」ということは、そうしたものとしての認識を獲得するために書きことばを媒介として徹底的な直視（反映）をめざすということであり、記述の指導をはじめとするいっさいの文章表現指導はそのためのものである」（『生活綴方の思想と実践』一〇八～一〇九頁）

岩本氏は、氏の機械的反映論を土台にした認識論を生活綴方にも適用している。文章とは、「能動的に反映され紙の上に固定された現実のある局面の反映物」というその反映過程は、あくまでも「観念と現実=客観的実在との一致」をめざすことになる。それでは、ある対象を書いたらクラスの子どもがみんな客観的事実を「できうるかぎり正確に」書くことになりはしないのだろうか。書きことばによる表現は、事実をていねいに見てとらえることを大切にする。それが、「くわしく書く」ということである。しかし、「くわしく書く」ということは、岩本氏のように「模写」をめざしているわけではないのだ。対象をていねいにとらえながら、その子どもの感じたこと思ったことを書いていくことなのだ。それは、書いている対象が自分の生活にとってどのような意味を持つかを創り出す（創造しもする）、意味化することであるととらえているのだ。それが、「ありのままに書く」という意味である。だから一人ひとりとらえ方や感じ方や思うことが違っていることが、表現の本質なのである。

## 3　岩本氏による佐々木昂解釈の一面性

岩本氏は、『「方法」の問題』に「七　生活綴方の遺産・伝統と『批判的見解』」を書き、北方の教育遺産である佐々木昂論文を引きながら、それに独自の解釈を加え、村山を批判している。ところが、岩本氏は、持論である機械的反映論の枠でしか佐々木昂をとらえられず、その論文の読み方に大きな問題を含んでいる。

岩本氏は、「佐々木氏は、『存在』ということばの持つ意味の確かな把握のうえに、意識に対する『存在（客観的存在）』の先行性と両者の関係 ― 意識・認識の本質を次のように考察している」（一一三頁）と前置きして次のような引用をしている。一部を略して紹介しておきたい。

「客観的事実存在は一般的に我の外なる ― したがって客観的に感知され得るところのものとして理解される。その世界は『自然』であって必ずしも特定の我の感性や知性すなわち意識を予想することなくそれ自体独立にも『ある』ところのものである。たとえばここに失明者があったとしてもわれわれは彼の目の前に何ものも存在しないという提言に同意しないやうに、太陽は人間の科学以前から地球の百何一〇万倍かの図体で輝いていたであろうし、地球はまた天動説にも関はらず廻転し続けてきたのである。(略)

それ故意識がないし認識が『自然』を生み出したといふロヂックはこの場合明かに逆で『自然』が人間を生み出したと考へられなければならないし、我の意志以前に我を生み出すべき客観的事実存在があったのである」(日本作文の会編『北方教育の遺産』百合出版、一九六二年、三三一〜三三三頁、以下『遺産』と略す。『佐々木昂著作集』無明舎出版、一九八二年、七二頁、以下『著作集』と略す。佐々木の引用は、断りのない場合には『遺産』からとする)

佐々木から右のような引用をした後に、岩本氏は次のようなコメントを加えている。

「客観世界の事物が人間の意識から独立に存在するものである、などということは、あたりまえすぎるほどあたりまえなことである。こんなことは子どもでも理解できることである。目の前にある自然の事物の存在が、ある精神や意識によって生み出されたものであるなどとは考えないであろう」。そして、村山のいう「認識と意識論の新たなる理論的成果」とはこのような「ただの『常識』ともおもわれるものである。健全な目玉と普通の神経を具えている人間なら、だれが否定するだろう」(一二三〜一二四頁）と村山をやや嘲笑気味に批判している。

ところが、岩本氏は、彼女が佐々木論文から引用した直後に続く三行ほどの文章をまたしても読まなかったようである。あるいは、理解できなかったようである。

「しかるにかく考へられる客観的事実存在は直接的にこの課題解明の契機とはならない。それはいかなる『表白』に於ても『存在』とのむすび、つながりとして必ず特定の我がなければならないからである」（『遺産』三三三頁、『著作集』七二～七三頁、傍点―筆者）

岩本氏がかなり長く引用した「客観的事実存在」論を佐々木はそのすぐ後で「この課題解明の契機とはならない」と書いているのである。「ただの『学識』」だなどと安心している場合ではないのだ。

「この課題」とは何か。佐々木の関心は、「存在するところのものを表白する」際の「存在」と「表白」のむすび・つながりを解くことであった。そして、「具体的な表白においては必ず『何か』が『誰か』によって『如何にして』か表白されているのである」（『遺産』三三三頁、『著作集』七三頁）と論を進め、次のように述べているのである。

「そこではじめて主体―我の位置が正面にまで出てくる。もはやいうまでもなく存在と表白をむすぶものは我であり、距離を保つものも我である。従って我にかかわりのない存在がかえって表白を保ったことはあり得ないし、最初の命題でいうところの『存在』とは必ず我の意識に対象化されたものであり、しかもそれは表白の構成においていわれなければならない」（『遺産』三三三頁、『著作集』七三頁）

佐々木は、「存在」と「表白」をむすびめに「主体としての我」を置き、我による表白の特殊性をリアリズム論の核心としたのである。そのために、佐々木は論文の次の項に「我と存在」をおいたのである。

「『あるがままに描け』というリアリズムの方法論における『あるがまま』とは客観的事実存在そのものではあり得ない。必ずそこには我によって『観られたありのまま』が描かれるに違いない。
観る者は我である。そして観る我なくして表白が保たれない。ここに撰択があり、主観があり、誇張かあり、偏向がある。（略）その為めに指導論としてのリアリズムが重要性を担ふのである。（中略）
あるがままに描かうとする対象自体、特定の我に撰択された目的的素材なのであって、しかも我は対象をめぐっていかなる追体験をしようとも、連想を組み立てようとも、否それあるがゆえに表白が我自らのものとして意味をもってくるのである。同じ一つの存在に対する表白がおのおの相を異にするのはそれがためである」（『遺産』三四頁、『著作集』七四頁）

また、次のようにも述べている。

「『ありのままに描く』ということは先述のごとく厳密な意味においては、我の観た相のままを描くことであった。したがってそこには必ず存在事実そのものではなく存在と我との関渉の――交渉のあり方において――一つの変容として表白される。（略）
それがゆえ客観的事実存在がそのままの相で保たれないからという理由も、また心理的事実が表白において必ず変容されるからという理由もリアリズムを拒否する論拠とはならない。だいたいにおいて存在が存在として止まる限り表白ではないのであるから」（『遺産』三四頁、『著作集』七五頁）

佐々木は、主観の外に客観的事実存在を認めるが、リアリズムにおける「あるがまま」とは、「客観的事実存在そのものではあり得ない」とし、それは、「我によって『観られたありのまま』」であるとする。したがって、観る我に表白される対象は選択され、我の主観による誇張や偏向がともなうのであるとする。ありのままに描くとは「存在事実そのものではなく存在と我との関渉の一つの変容として表白される」のであり、だから「同じ一つの存在に対する表白が各々相を異にするのはそれが為である」としているのである。

岩本氏は、なぜ、右の佐々木論文のかくも明瞭な核心的部分の引用を避けるのであろうか。

ここから岩本氏のリアリズム論と佐々木のリアリズム論にはもうひとつ重大な違いが見えてくる。それは、佐々木の「個のリアリティー」をどうとらえるかにある。岩本氏は、佐々木の論文「リアリズム綴方論―序論―」から、そのまとめ的部分を引用する。

「綴方はいうまでもなく教育の領域に位置するが故に個のリアリティーの純粋な表明を唯一の手がかりとして無の形成ないし指導として影響を与えるところに根本的態度を見出さなければならないのである。

ここで教育のリアリズムは個のリアリティーを出発点とし、あくまで個のリアリティーに即し常に個のリアリティーにまで帰するのであるが出発点のリアリティーも帰したリアリティーもともに主体的に純粋でありながら『無』の発展的展開の自己実現として徐々に主観的なものから普遍的なものにおいて、無価値なものから価値的なものにおいて個人的なものから社会的なものにおいてリアリティーが保たるべきことを要請するのである。

リアリズムは具体的普遍の境地をねらっているのである。この境地まで自己構成ないし自己の再構成がなしとげられてはじめて己の欲するところにしたがいて則を超えざるの境にまで到達するのではないか。綴方教育におけるリアリズムは先に言える如く純粋なる個のリアリティーを出発点としてあくまで個のリアリティーに即しさらに個のリアリティーにまで帰せしめるにあるのである。しかもそのリアリティーは主体としての純粋性を保ちながら発展的展開を意図するのである」（『遺産』三一頁、『著作集』七一頁）

この引用の後で、岩本氏は、ここに示されている佐々木の見解は、「事物の本性を『運動』として見る見かた」であり、「彼は人間の認識や認識過程というものをも運動として捉えている。（略）彼は人間の認識を主観と客観の弁証法的過程として理解している」（一二〇頁）と引き取って、そこが村山の見解とは違っていると批判しているのである。

しかし、佐々木がここで「発展的展開」するものとして展開しているのは、客観的存在としての事物にたいする人間の認識過程を指しているのではない。あくまでも「個のリアリティー」なのである。佐々木は、客観的事実存在を認識に反映させる条件としての主体を認めるだけでなく、「個のリアリティー」（内的現実）をも存在と見ていたのである。

佐々木のリアリズム論にとって「個のリアリティー」はキーをなす概念である。佐々木は、客観的対象と子ども主体（我）との関渉のなかで主体のなかに生まれた内的世界を「個のリアリティー」ととらえている。その「個のリアリティー」を客観的事実存在と我との関渉関係にありながら、相対的に区別された子どもの内面的事実としてとらえている。佐々木が「個のリアリティー」概念で言っているのは、客観的事実存在と我との関渉関係にありながら、相対的に区別された子どもの内面的世界をも「事実存在」としてとらえることであった。

教育においては、したがって生活綴方においては「個のリアリティー」すなわちこの内面的事実のリアリティーを何よりも重視するということを述べたのであった。だから、言い換えれば、生活綴方のありのままとは、子どもの内的世界のありのままであり、子どもの内的世界のリアリティーから出発し、その内的世界に即し、さらにその内的世界にまで帰せしめることを主張していたと読みとることができるのである。

## 4　岩本松子氏の推敲指導の実際

ところで、岩本氏の推敲指導とはどのようなものであろうか。『「方法」の問題』の第二部「生活綴方における『自己表現主義』と推敲指導」の「三、推敲観と実践」に岩本氏の実践が紹介されている。

五月五日

中学一年　後藤　幸晴

（略）①学校が終わったのでカバンに本をいれていたら、きょうはそうじ当番だと気がついたので、そうきんをもってろうかに出たらだれもいなかったので、階段をおりていったら②高井君たちがほうきでは③いていた。

まだはいただけらしかったので
「からぶきをやった。」
と聞いたら、④高井君が
「やっとらへんけど、きょうはいいんやろ。」
と言ったので、ぼくは
「あ、そう。」
と言って⑤教室にもどった。
⑥下におりて行くと、若園さんが
「クラブにおくれるね。」
⑦と言いながら　⑧やっていた。（略）

どうにか表記の約束をおぼえ、会話がはいりはじめて、ようやく具体的な記述への第一歩をふみだしたばかりの子どもである。この子どもに「掃除のようすが映像づくりできるように書け」などと言ってみてもはじまらない。子どもの活動に組みいれられないような指導はあり得ないのである。

①の部分はこの子どもの記述の特徴であるところの「ので、ので」と続く長いワン、センテンス。

②〜⑧までは、だれが、なにを、どうしていたのかがわからないあいまいな表現。この実態に即して傍線のわきに、あるいは本文の余白、末尾に次のような朱書をする。

① ずいぶん長い文ですね。この一つの文の中にたくさんのことが書きこまれているので、なんべんも

読みかえしてみたけどよくわかりませんでした。どうしたらいいですか。
②　高井君たち、とあるけれど、ほかにだれがいたのですか。
③　どこをはいていたのですか。
④　高井君たちはなにをしていましたか。どこをはいていましたか。
⑤　なんで教室にもどったのですか。
⑥　なぜおりていったのですか。
⑦　ひとりごとをいっていたのですか。
⑧　なにをやっていたのですか。

◎印のところはあなたのようすがよくわかるよい書きかた。このように、したことを（見たこと聞いたことも）そのまま、ことばで書くのです。

子どもは朱書にしたがって推敲してくる。それを初編と比較させ、なにも知らない読み手のためにくわしく書いてやらねばならないこと、よく思い出して、したとおりに見たとおり聞いたとおり順序正しく書けばよいことなどを教える。しかし、なにごともそうであるが、新しい質が古い質にとってかわるためには、量的な集積の長いしんぼう強い過程を必要とする。それは表面的にはほとんど変化に乏しい、ただのくりかえしにも似た、ときには後退ともみえるような過程である（『「方法」の問題』、三〇六〜三〇八頁）。

岩本氏がどんな推敲指導の実践をしているのか、少しは期待があった。しかし、これが岩本氏の推敲指導実践（初期的段階と思われる—筆者）だとは少なからず驚かされた。この実践は、『作文と教育』一九六五年九月号に掲載されたものだが、『「方法」の問題』に何のコメントもつけずに収録されているということは二〇〇二年の時点でもそのまま考えを変えていないと見て良いのだろう。岩本氏は、村山においては推敲は「添削」なのかと批判しているが、そのことばをそのままお返ししたい。

作品全体を読んでみたかったが、岩本氏の論文自身に紹介されていたのは引用した部分だけである。したがって、作者が書きたかったことが何であったのかは明瞭ではない。そうした前提で感想を述べてみたい。

まず、「子どもは教師の朱筆にしたがって推敲してくる」という基本的考えに賛成できない。朱筆を参考にするのではなく（推敲の際に文章の具体的部分に教師の朱筆が入っていること自体、推敲の作業を歪める危険が強い）、「したがって」なのだ。これでは子どもの自主性・自発性はどこにあるのか。

第二に、①～⑧までの朱筆の内容がただくわしく書いてくるようなものになっている。一挙手一投足をくわしく書くように朱筆を入れているが、そのことで後藤君の書きたいこと（主題）とのかかわりで表現がどのように深まっていくのだろうか。

第三に、①についてだが、「なんべんも読みかえしてみたけどよくわかりませんでした」と書かれているが、確かに整理されていない文章ではあるが、私は書かれている内容はわかった。

第四に、全文がないので良くわからないのであるが、朱筆には作者のそうじをしたことへの、つまり、生活への共感や生活を考えさせる視点がないことも気になる。

これが岩本氏の考える推敲指導の一例なのだろう。しかし、これは、子どもの推敲と言えるものではなく、教師による文章の添削指導である。しかし、どんな場合でも、推敲は子どもの主体的な作業によるものである。その際、教師の助言的指導をまったく排除するつもりはない。しかし、「教師の朱筆にしたがって推敲してくる」という指導は、推敲と言えるのだろうか。

岩本氏の『「方法」の問題』のなかには、このような推敲指導の例はたまたまひとつだけではない。紙面の関係で紹介できないがいくつも同じような指導例が収録されている。少し新しい一九八八年の実践も入っているが、そこでも同様の指導が展開されている。したがって、こうした文章表現指導こそ、岩本氏の生活綴方観にもとづく実践なのだろう。

「推敲とは、客体（反映・認識されるもの）と主体（反映・認識する子ども）との間の、表現に即しての能動的な相互作用・同化調整活動のしなおしをすることになるのである。（略）思い出して書いた（反映）文章を表現に即して、もう一度思い出しなおし（再反映）、じっさいにあった事と合致するように的確に書いているかどうかを（略）確かめ再確認するという能動的な創造活動なのである」（三五四～三五五頁、傍点―筆者）

ここでも結局、機械的反映論が色濃く表れている。右のような「添削指導」のどこに子どもの能動性を見出すことができるのだろうか。子どもの能動性は「教師の朱筆にしたがって」引き出されるものとしてとらえられているのではないか。②～⑧の「添削」の内容は、事実をあったままにくわしく書くこと、「じっさいにあった事と合致するように」、すなわち岩本氏の哲学であった「観念と現実＝客観的実在との一致」をできるだけ正確に認識し表現することを推敲の仕事で忠実に行っているのである。そこには、この論文において指摘した岩本氏の認識論における機械的反映論が典型的に示されているのである。

## おわりに ― 残された歴史的課題

論争は本来お互いの論をより発展させるためのものである。そのためにはモラルとルールが必要である。すでに何度か指摘したとおり、岩本氏の村山批判には重大なルール違反がある。それは、岩本氏が相手の見解を正確に読みとる努力を怠っているか、意識的に歪めて紹介しながら批判していることである。しかも、相手の意見を一八〇度も異なる立場に立たせる異常な手法を使ってである。それは、批判ではなく誹謗である。論争にはルールが必要であると同時に、他者の論理を尊重する品性が求められる。

岩本氏の作文教育論は、岩本氏が佐々木昂の実践理論を理解できなかったように戦前の生活綴方が到達していた理論と実践の到達点からは大きくかけ離れたものであった。その点で「六二年方針」をつくり、その方針のもとに作文教育運動を指導してきた日本作文の会の常任委員委員会、とりわけ、国分一太郎や今井誉次郎らの歴史的な負の責任は極めて重大である。ここに戦後作文教育の不幸がある。

しかし、日本作文の会は、「一九九一年研究活動方針」以降、大きな転換をとげている。「九一年研究活動方針」は、新しい若手常任委員が中心となり、これまでの研究活動方針の転換をはかり、多元主義的民主主義を志向しはじめた。
「九一年方針」は、次のように述べている。
「日本作文の会は、ある一つの指導方法や体系をつくりあげ、それを全国に広めていくのではなく、地域や学校の生活と子どもに即して多様な指導方法を創造し、それらを交流・探求し、多様に発展させる研究運動スタイルをつくりあげたい。目標の方向を共通にしながらも、方法は多様であることを大切にしていきたい」

読んでみるとあたりまえのことである。しかし、戦後の民間教育運動の各団体の歴史を振り返ると、いくつかの団体は、「○○方式」をつくりだし、その方式を一般化していく研究運動に傾いていたことはいなめない。日本作文の会もその例にもれなかった。そもそも教育実践は、子どもや生活の実態に即して多様なものであるはずなのに、ある方式を各地の教師たちの実践にあてはめていくやり方は、日本作文の会の実践運動に不協和音を生み出していった。九一年は、その運動スタイルへの大きな転換を遂げた年であった。

九一年以降、二年毎に「研究活動方針」がつくられている。その主要なものは、日本作文の会編『子どもの人間的発達と生活綴方』（本の泉社、二〇一一年）に収録されている。そこには、私が本書で批判してきた形式的・機械的な指導論は一掃され、現代の子どもにそくした多様な綴方実践が探求されている。

（二〇〇七年）

# 第三部　現代の子どもと生活綴方実践の課題

# Ⅸ　生活綴方の新時代に向かって

人類社会が転換期をむかえている。地球環境問題や情報革命は、近代の生み出した社会構造、生産の仕組み、そして、人類の英知を集めた文化や知識のあり方の問い直しをもとめている。私たちの「豊かな生活」に限界があることも自覚されはじめてきている。そして、いわゆる「豊かな社会」には社会病理現象がひろがり、人々のこころとからだを蝕んでいる。こうした時代に子どもたちは生活しているのだ。

時代がまさに転換期的様相を示している今日、戦前・戦後の生活綴方の歴史的遺産をふまえながらも、その実践は新たなる発展を構想していく課題に直面している。

子どもの「ありのまま」をなによりも大切にしてきた生活綴方の教育思想は、今日、どのような意味を持ち続けることができるのか。戦後生活綴方・日本作文の会の五〇年をふまえて、いくつかの課題を述べてみたい。その基調は、この転換期をいかに子どもたちと共感し、楽しみながら生活綴方実践に向かえるかにあるだろう。

## 1　生活綴方の子ども観と教師像

今日、私たちが生活綴方の歴史に学ぶという場合、戦前の過酷な教育状況のなかで子どもたちに真摯に向きあって実践を試みた教師たちの熱意と苦闘に目を向けなければならないだろう。その根本には、彼らの子どもを想う教育愛と自由でリアルな子ども観があった。「生活綴方の父」ともいわれた小砂丘忠義の子ども観は、自由という思想で貫かれている。

「子供は子供の世界に自由にはねまわり、思うさまあばれちらしていいという約束をまず認めねばならない。ださんにも語らんにも、彼らに生活がなく、出すべき個性が鈍りきっているのでは、あたかもくくられた鵜が魚をのむ類である。物を見、物を聞いた時、はつらつとして動く心、ビチビチと感動する心、それが第一に培われなければなるまい」（日本作文の会編『生活綴方の伝統 ― 小砂丘忠義一五周忌記念論稿集 ―』百合出版、一九五三年、九六頁）

小砂丘は、この子ども観の陰りこそ綴方教育の危機であり、「生活を豊富旺盛にしてやることを忘れて、表現の指導に没頭している傾がないとはいえない」（同、九五頁）と警鐘を鳴らしていた。

戦前の北方の教師たちは、子どもたちの生きる過酷な生活台に鋭い分析を加えながら、子どもを地域で共に生きる同時代人というとらえ方を根底にもっており、それ故に、生活へのリアルな目を求めた。北日本国語教育連盟の「北方性とその指導理論」（一九三五年）では次のように述べている。

「私たちは、北方の子どもたちに、はっきりと、この生活台の事実をわからせる。暗さに押し込めるためではなく、暗さを克服させるために、暗いじめじめした恵まれない生活台をはっきりわからせる。わかったために出てくる元気はほんとうのものであると私たちは考えている」

今日でも、生活の現実に正面から向かった実践を「暗い」とか、「偏りがある」などと評する人を見かけるが、生活の現実に向かわない「明るさ」とはいったいどのようなものなのだろうか。そういう方の教室には「生活の重荷」を抱えた子どもはいないのだろうか。

戦前と戦後の二四人の教師たちの共著である『魂あいふれて』（百合出版、一九五一年）の「まえがき」のなかで、後藤彦十郎は、戦前の教師たちにふれて、次のように述べている。

「（戦前の教育体制の下で、良心を貫いた教師たちは ― 筆者）子どもの側からの、民主的な自由な教育をかちとろうとし、当時の画一的軍国主義教育への抵抗を試みたのでした。そのために綴方にも打ちこんだのでした。ほんとうに子どもたちの幸福をねがい、ほんとうに子どもたちを愛してきたこの教師たちは、それ故に、子どもたちとその父母から慕われ愛されながらも、無法極まる当時の権力によって、しいたげられ、職を追われ、捕らえられねばなりませんでした」（二〜三頁）

生活綴方に熱心に向かう教師たちへの権力的抑圧は、決して、戦前のことだけではない。戦後も、そして、今日でも隠然とつづいている。しかし、どの時代にもさまざまな困難のなかで愚直に子どもたちに向かう教師たちは、「綴方教師」と呼ばれるようになった。それは、ただ単に、教室で綴方を書かせている教師という意味ではない。綴方教師とは、子どもの生活の現実に、また、彼らの喜びや悲しみに、思いをはせて共感する教師の魂のようなものをさしており、また、時代のなかでの決して権力の抑圧に組みしない教師の生き方をも言い当てていた。

こうした教師たちを支えたのは、彼らが最初から闘士であり、何かずば抜けた力量を持っていたからではない。毎日のように日記や作文を書いてくる子どもたちの生活に心を痛め、その子どもたちに後ろを向くことができなかった教師の良心が強靱さを育てていったのではないだろうか。言い換えれば、何度も負けそうになる自分を子どもたちの綴方によって励まし続けてもらえたからではなかったか。

## 2　子どものことばの変容と生活を書きつづることの意味

### (1)　子どものことばの変容と生活綴方

生活綴方で子どもをとらえるという場合、その固有性は、子どものことばと表現を通して、作品を通して子どもの表面からだけでは見えない内的な世界をとらえることにある。

日本作文の会の「一九九九年活動方針」では、今日の緊急の課題である「学級崩壊・『新しい荒れ』と生活綴方」にふれている。そこでは、「子どもたちにムカツク心の叫びを率直に表出してもらい、私たち教師がそれを受けとめる、そこに今日の実践の糸口があるのではないだろうか」とし、「表出を一つの契機として子どもたちの抱えている不安感や抑圧感からの解放も進められる可能性がある。（略）私たちは、子どもの押さえ込んでいた感情の溶けかかりとしての表出を見逃さず受け止めていかなければならない」（『作文と教育』二〇〇〇年二月号、三五～三六頁）と述べている。

ここには、生活綴方の今日的役割として「子どもたちのあるがままの感情」を引き出し、受けとめていくことの重要性が提起されている。

生活綴方教育の目的の一つは、子どもたちに生活に根ざした人間的なことばを獲得させることである。これは、一般的普遍的な意味である。とりわけ、今日の子どもたちの「新しい荒れ」現象や病理現象を前にして、子どもたちがことば、書きことばによる表現を獲得していく意味はどのようなものとして考えることができるのであろうか。

今日、子ども事件や学校での学級崩壊・「新しい荒れ」現象、あるいは不登校や引きこもりの背景には、いらだちやむかつき、不安感や抑圧感が蓄積しており、それが病理的な攻撃性に転じて発現していると考えることができる。その原因として現代社会の高度に管理的なシステムが考えられるが、もう一つの局面は生活の変貌による人間的諸力の著しい衰退があげられる（拙書『子どもの攻撃性に潜むメッセージ』柏書房、石田一宏との共著『衰退する子どもの人間力』大月書店参照）。

子どもたちの人間力の衰退にかかわっていえば、子どもたちのことばの獲得の質的変化に注目しておく必要があるだろう。

村山は、九〇年の合宿研究会の報告で現代の生活とことばの問題に関わって報告し、ことばと表現の抽象化（子どもの生活体験に裏打ちされた人間的言葉の喪失）、商品化（人間の内的世界をぐらない言葉の軽さ・過剰化）、記号化・ヴァーチャル化（人間のコミュニケーションを変えていくコンピュータ言語）が進行しているととらえた。（拙書『豊かさ時代の子どもと学校』新生出版、一九九一年『村山士郎教育論集』第一巻参照）その後の一〇年間は、右の三つの特徴がいちだんと進行しただけでなく、新たな特徴も現れているのではないだろうか。そこを解明していく仕事がある。

子どもや若者ことばに見られる新しい傾向は、テレビやビデオに加えて携帯電話や情報機器やゲーム機の爆発的な普及により、子ども・若者のコミュニケーションに変容が見えている。モノの消費にお金を使うことから携帯電話にはいくらお金を使っても惜しくない世代が登場している。モノから関係性の値打ちへの変化が、ことばの新しい局面を生み出している。米川明彦は、ことばの娯楽機能、会話促進機能、連帯機能、イメージ伝達機能、隠蔽機能、緩衝機能、浄化機能などがひろがり、簡単に否定できない新しいことば感覚が芽生えていると指摘している（米川明彦『現代若者ことば考』丸善ライブラリー、一九九六年）。

## （2）感情体験を表すことばを持てない

今日の子どもたちのことばに見られる特徴のひとつは、感情体験を表現することばが貧しくなっていることであろう。

フロムは、感情体験とことばに関して、次のような興味深い指摘をしている。

「感情体験の中には、一定の言語では、それにあたる単語が存在せず、他の言語ではその感じを表現する多くの単語を持っているものがある。異なった感情的体験を表現する、べつべつの単語を持たない言語の中で、その体験を明瞭に自覚することは、ほとんど不可能である。一般的に、その言語が、これを表現する単語を持っていない体験は、ほとんど自覚されないということである」（フロム『疑惑と行動』東京創元社、一四一頁）

このフロムの引用は、民族の歴史的体験が言語のなかの単語の多様性を生んだり、あるいはまったくある単語が欠落していたりすることを述べている。そこから、今日の子どもたちの生活体験が変容しているなかで、多様で複雑な感情を表現することばを持たないままに育っており、単語の意味がきわめて短絡的になっていたり、ある感情を持つことができないままに成長してきているということにも転意して考えることができる。さまざまな含みのある感情を表現するのに「べつにー」とか「むかつく！」の一言ですましてしまう傾向には、まさにフロムの指摘する「表現する単語を持っていない体験」の現れを見ることができる。

かつて、詩人・真壁仁は、農を失うことはことばを失うことであると民族の危機を警鐘したことがあった。それから、二〇年、日本の子どもたちは、民族としてのある感情やねうちを表すことばを変容・失いつつあるとも言えるのである。

### （3）識字文化のもとになる口承文化の貧困

今日の子どものことばの変容のひとつとして、読み書き能力の衰退・変質がおきているのではないかという指摘がある。毎日新聞東京本社広告局の『読書世論調査一九九八年度版』によれば、九七年に一カ月に一冊も本を読まなかった日本の高校生は、約七割をしめた。中学生でも五五パーセントに達している。

パリー・サンダースは、『本が死ぬところ暴力が生まれる』（新曜社、一九九八年）のなかで、口承文化と識字文化の変容の問題として興味深く展開している。サンダースは、口承文化（語り部）から識字文化への歴史的発展にふれ、ある共同体の体験が歴史的に蓄積してきた智恵、技術、掟、信仰の総体である口承文化が識字文化の基礎となっているとする。

「口承文化ではことばの奥にひそむ無数のバクテリアのように、孵化をまっている。身振り、踊り、手をうち合わせること、こういったあらゆる種類のリズムを伴う動きが、ことばが外に出るのを助けるのである」（『本が死ぬところ暴力が生まれる』二九頁）しかし、口承文化は、生活世界に密着しており、「高次の抽象化のための道具をもっていない」（同、二〇頁）口承文化は聴衆のなかに一回限りの表現として消えていくが、識字文化においては、読み手は何度も何度も同じ文を見直し、主題に立ち戻り分析・抽象することができる。

「読むことの本質がことばを声に出すことから黙読することに変わったとき、人は文字を読むと同時にその意味を考えることができるようになった。読むという活動はいやおうなく、内省する自己を生み出した。口承文化では、ことばがあっという間に飛び去ってしまうから、覚えたり分析したりすることができない。（略）ことばは、残ってはじめて、見直すことができる。自己は常に内省的自己であり、内省によって個別化された意識を獲得していく」（同、三七頁）

識字文化のなかで、読むという行為が「内省する自己を生み出す」ということは、書くという行為に連続している。この口承文化から識字文化への人類の歴史的発展は、じつは、一人ひとりの子どもたちの成長過程でもくりかえされ、ある年齢発達段階で口承文化から識字文化への移行を体験し、両者の相互関係のなかでことばを豊かに獲得していくのである。ところが、子どもたちの生活世界に密着した口承文化の世界の衰退（生活体験不足症候群や幼児期のだきとめ・語りかけの少なさ）や過剰な刺激（大人の一方的指示、テレビやゲームによるディスコミニケーション・一方向的情報）という言語生活の劇的変化は、豊かな識字文化への基礎を変質・空洞化させ、その移行を著しく困難にしている。つまり、「口承世界で十分な経験をしないならば、生き生きとした活力ある識字の世界へと本当に進んでいくことはできないのである」（同、四一頁）

ここでは、生活綴方が長年続けてきた、さまざまな生活体験を語り合いながら、その生活を日記や作文に綴り、それをみんなで読みあうことの今日的意味が極めて重要であることが提起されている。

## （4）ことばに潜む暴力性

今日の子どものことばの変容には、ことばそれ自体が攻撃的になっているのではないかという問題がある。

三沢直子『殺意をえがく子供たち』（学陽書房、一九九八年）は、描画テストを二〇年間とりつづけてきた資料から、八一年と九七年の一六年間の子どもたちの描画の変化に驚いている。三沢は、そのなかで、「破壊的な絵や、攻撃性、衝動性が認められる絵がかなり多くなっている」（『殺意をえがく子供たち』、四〇頁）ことを指摘している。そして、絵全体が破壊的なもの、攻撃性のサインを出しているもの、一部に破壊的・攻撃的な部分を持っているもの、直接攻撃性をあらわしてはいないが質問をしてみると危ない感覚を絵の中に込めているもの、などを具体的に示している。そこには、自分や他者に対する殺意が込められていると三沢は述べている（同、四六頁）。

今日の子どもたちが、「ぶっ殺す！」とか「死ね！」とかを連発することを一概に不安がることはないかもしれないが、そうしたことばを連発することで、彼らのなかにある殺伐としたイメージをふくらませ、固定化させる危険性を持っている。ことばとはそうした役割を果たすのだ。

ことば遊びの実践のなかでも、おもわず攻撃的なことばが飛び出す例が報告されている。「なりたいなりたい／ガメラになりたい／ガメラになったら／にんげんがぶがぶ　ころしちゃう」「なりたいなりたい／クマになりたい／クマになったら／ひとごろし」

子どもたちにはこうした攻撃性が潜在しており、それが、時として人間性の破壊や暴力となって噴出する。

「新しい荒れ」を考えるうえで、ことばの獲得、とりわけ、内言をふくむ書きことばの獲得の有無がある決定的な意味を持っているのではないだろうか。

サンダースによれば、アメリカの三〜五歳の子どもは、週あたり二八時間、小学生は二五時間、五歳になるまでに六〇〇〇時間ものテレビ番組を見ているという。日本の子どもたちはそれに負けないくらい長時間テレビに釘づけにされている。少し古いデータ（一九九五年ＮＨＫ放送文化研究所調査）だが、小学校高学年で、一日三時間（週では二一時間）が五三パーセント、四時間（週では二八時間）が二六パーセントに達している（大東文化大学村山ゼミ編『激変する日本の子ども　子どもデータバンク』桐書房、二〇〇〇年）。それにゲームに費やす時間が加算される。

サンダースは、「本当の問題は、テレビで暴力のイメージを見た子どもが外で、暴力行為を真似してやってしまうかどうか、ということではない。そうではなくて、メディアを見ることの生物学的・神経学的な効果を理解することである」（前掲『本が死ぬところ暴力が生まれる』五〇頁）とし、長時間視聴がことばを破壊し、破壊されたことばが人間の内的生活を蝕むことを指摘している。

「ことばは可塑性を持つ。イメージを浮かべることは、最も直接的な意味的操作である。（略）物語を作り上げる能力のない子ども、すなわち最新の人気シリーズのコメディーや筋の概要によって想像力を形づくられてしまった子どもは、物語を呼び出してそれを黙って自分に語りかけることができない」（同、五六〜五七頁）

また、次のようにも述べている。

「（読み書き能力を奪われた）このような子どもたちは、最も根本的なレベルで人間であるとはどういうことかというその意味を変質させてしまった。（略）非識字に残されるものは人間の抜け殻であり、危険な状態で路上に繰り出す亡霊である。これらは自分の行動について、その最も暴力的で身の毛もよだつような行動でさえも、後悔や悲しみや罪悪を感じることができない」（同、九五〜九六頁）

サンダースのこうした指摘を日本の子どもに即してていねいな研究が必要になっている。日本でも、口承文化を一方で喪失し、他方でコミュニケーションのない一方的なメディアのことばを洪水のように浴びて育った子どもたちは、識字文化への移行を著しく困難にされている。さらに重要なことは、物語をつくるイメージ喚起能力を欠いたことばしか獲得できていない子どもたちが増えているのではないかという報告が聞かれることである。

こうしたことば獲得の現状が、暴力性に何も感じない感覚を生んでいるという指摘は重要である。生活のひとこまひとこまの事実からイメージを呼び起こし、ことばに置き換えながら、物語をつくりあげるという書き綴る活動は見直されてよい。そこに、「事実をありのままに綴る」という生活綴方の今日的意味が浮上している。

## 3　生活表現が意味の世界を開き、学校文化を組みかえる

生活綴方で書きつづることの発達的意味は、今日の学力問題にとっても、総合的な学習で学ぶ場合でも、また、学校文化の再構成にとってもきわめて大切な意味を持ち得る。

今日の「学力の低下問題」を考えるうえで学力概念の新たな展開が不可欠である。今日の学力の危機の特徴は、「わからない・できない」だけでなく、学ぶこと自体「嫌いだ」という子どもが増えていることである。勉強をすればするほど勉強が「嫌い」になり、国際調査などでも日本の子どもたちの「高学力の勉強嫌い」現象が顕著になっている。

今日の「学力の危機」の克服は、「できない・わからない」子どもにていねいに分かるまで教えていくことと、同時に、「高学力の勉強嫌い」現象を解決することが課題になっているのである。つまり、二つの危機を段階論的に超えるのではなく、同時的に越えていくことが求められている。

「勉強が嫌い」になるのは、「わかる」までていねいに学ぶ時間が保証されていないことや、過度の競争的学習や評価のあり方だけでなくて、計算や漢字の習熟・練習はともすれば、そのこと自体が自己目的化して、その意味や生活とのかかわりとの関連がとらえられないままに、訓練的にくりかえされることにも原因がある。

今日の大学での学力低下問題は、『分数のできない大学生』などのように本の題名にされているよう

な分数や小数の計算が単純にできないということだけではない。計算力の回復だけであればそれほど大騒ぎするほどのことではない。東大や京大に入学できた学生なら小学校レベルの計算力の回復は難しいことではないだろう。本が読めないということも単純に読めないのではなくて、本に書いてある文字は読めるのだが自分の関心との関わりで意味が読みとれないのである。それは、そもそも自分が何を学びたいかの興味や関心がなかなか持てないことと関係があるだろう。これらは、大学での学ぶ意欲そのものがゆらいでいることなど、総合的な学ぶ力の「低下」問題なのである。こうした大学生の学力「低下」問題が実は小学校の段階から起きていると見ることができる。

したがって、「できない・わからない」と「高学力の勉強嫌い」現象とを同時に越えるには、学力概念そのものを再検討してみる課題に突き当たる。今日、学力という場合、筆者は、次の三つの要素として構成することができると仮説している。

第一は、それぞれの教科の内容にそくして基本的な事柄を覚えたり、習得する学力の要素である。それは、漢字を習得したり、計算やかけ算九九ができるようになったり、歴史の学習では、年号や名前を覚えるようなことである。

第二は、覚えたり、習得したりしたものをその法則や成り立ちを理解しながら系統的に認識する要素である。たとえば、漢字の成り立ちがわかったり、2×2の意味がわかったり、分数のわり算がなぜ逆にしてかけるのかがわかっていること。歴史の年号でも、日本の一九四五年の敗戦を一九四一年の日本の対米英宣戦布告との関係でとらえたり、さらには、日本国憲法の公布（四六年一一月三日）との関連をとらえ、一つの歴史像として客観的に認識できていることである。

一般的には第一の要素を基礎・基本ととらえる場合が多いが、それでは形式的すぎるだろう。第一の要素をふくむ第二の要素が学力の基礎・基本であろう。そうでないと学力の基礎・基本は、系統性ある科学的な認識を十分に位置づけられないことになる。したがって、その学力の基礎・基本は、小学校低学年の学習内容だけの課題ではなくて、高学年は高学年のレベルで、中学校では中学校のレベルで存在するととらえたい。

第三は、第一と第二の学力の要素を自分の生活や生き方と関わらせながら、各個人の意味づけや見解・評価を作り上げる要素である。そこでは、探求的な学習をもとにした他者との意見の交換や表現活動が重要な意味を持つ。

国語では、文字が読める、漢字をおぼえるだけでなく（第一の要素）、漢字の成り立ちや意味がわかること（第二の要素）が必要である、と同時に、国語教材を読んで人間の深い想いや感情を受けとめていく力や、事実や生活を表現することができることも学力の重要な要素なのである。また、歴史の学習では、年号や名前をおぼえるだけでなく（第一の要素）、歴史的な事件や事柄を関連づけて総体として理解し（第二の要素）、歴史事象へ一人一人が意味づけをし、歴史に対する自己の見解や評価を持つこと（第三の要素）が学力の重要な内実である。画一化を脱して個性化を計っていくとは、まさに、この第三の要素をつくることであると考えられる。

今日の学ぶことの興味や関心の欠落は、学校教育での第三の要素をつくる学習が決定的に欠落していることと深く関連している。

学力の一般的問題の説明が長くなりすぎたが、それは、今日、文章による表現活動と学校教育の学力問題とのつながりを説明するためにどうしても必要であったためである。

書き綴ることは、一度学習したことを「まとめる」「記録する」というだけでなく、「まとめる」「記録する」過程で、事柄の分析・総合が行われ、系統的で構造的な認識を形成する機能を持っているが、書き綴ることは、もうひとつ、自分にとっての意味をつくる学習プロセスを含んでいると考える。書き綴る活動は、客観的な事実を共通に学びながらも、その事実に関して一人ひとりが自分の生活感情や生き方にかかわって感想、評価、思想をつくるもうひとつの学習過程なのである。

生活綴方では、その書きつづる学習に、対象へのリアリティとその対象との関連で個の内面のリアリティを求める。つまり、書き綴ることは、自分の生活や生きることと関わって知の世界を自己にとっての意味化・個性化することである。その意味で学校教育の学習のあり方を組み替える意味を持っている。

デンマークには、一五〇年の歴史を持つフォルケホイスコーレ（民衆の高等教育学校）以来の私立学校（フリースクール）運動が存在し、全国に四百校、生徒の一割が通学している。この学校での活動の中心は多様な表現活動である。絵画、踊り、器楽演奏、染色、料理、木工、合唱、演劇、彫塑、陶芸など、子どもは自分の意欲でいろいろな表現に取り組む。「デンマークのフリースクールでの表現を見ていると、技術的にうまくなることを目的としていない。（略）それらは、あくまでも自己を表現するための手段という考えだ」（清水満『共感する心、表現する身体』新評論、一九九七年、一九頁）

表現は個性化の原理であり、コミニュケーション原理であり、「個でありながら同時に他者とかかわることができるようになる」（同、八五頁）ことである。

デンマークのフリースクール運動の特徴は「表現をし、受けとめ、認め合い、自覚を促す」ことであるが、そこで一番大事な役割を果たすのがことばである。そこでは、自由な自己表現が込められ、生き生きとした対話の雰囲気の内に語られることばを「生きたことば」と呼んでいる（同、九七頁参照）。そこでは、語り合うことばを重視しているが、そのことば観は「生活の中で人々がそれぞれの思いを一回きりのものとしてことばに出して、感情を共有しあうことのほうが人間としては本質的なこと」（一〇〇頁）としている。

身体的なコミュニケーションを含む生活のなかにあるという「生きたことば」ということば観は、生活綴方のことば観・表現観にも通じるものがある。「表現のある学校」こそ、今日の潜在的カリキュラムに縛られる学習文化や学校文化を組み替える重要な契機になるのではないだろうか。

## 4　書きことばによる表現活動の発達論的解明と指導論の創造

日本作文の会「九九年活動方針」では、子どもが書きことばで生活を綴る活動の発達的意味を次のようにのべている。

「私たちは、子どもの生活の事実と自己の内面をつづる書きことばによる表現活動を何よりも大切にしてきた。それは、子どもたちの書きことばによる表現活動は、あくまでも、自由で主体的なものであり、その活動の中に子どもの発達の原動力があると考えてきたからである」（『作文と教育』二〇〇〇年二月号、四二頁）とし、これまでの「表現各過程の指導論を継承しつつ、その過程を子どもの表現活動の視点から、その発達的意味を明らかにしていくことが大切になっている」（同）と課題を提起している。そして、その表現活動の発達的意味を今日の言語発達理論などから積極的に学び、探求していくことを課題としている。

残念ながら、子どもの書きことばによる表現活動それ自体を子どもの側から明らかにした研究は必ずしも多くない。内田伸子によれば、認知心理学の世界でも、「作文産出過程とその発達」研究は、新しい分野とされ、この一〇年くらいに研究が着手されたばかりであるという。『方針』でも試みられているように、子どもが一つの文を書き綴っていく過程を子どもの表現活動の側面から解明していくことが必要になっている。これまでは、多くの場合、教師の側の指導過程に対応させて子どもの表現過程が語られてきた。そこでは、次のような表現指導過程を経て文章を綴ることが想定されている。すなわち、準備（人間関係づくりなど）、表現意欲の喚起、取材、構想、記述、推考、鑑賞・批評である。

子どもの表現活動は、作文の会の指導過程論が前提にしているほど形式的に区分できるものではなく、まるごとの複合的なプロセスであるとする研究がすすんでいる。

内田伸子『発達心理学』（岩波書店、一九九九年）は、Ⅷ章が「書くことによる認識の発達」である。そのなかで、作文の産出過程にふれ、「作文の過程を観察した結果、従来言われていた、表現意図や思想から言語表現へと、段階を順序よく踏むという『単線型段階モデル』はあてはまらず、作文過程は既有知識の貯蔵庫から情報の検索過程、プランニング、モニタリングや読み返し、修正などの下位過程の相互交渉がたえず起こるという、ダイナミックな非単線型であることが確認された」（二一八頁）

と報告している。

小学校二年生～五年生を対象に、鉛筆が二秒間止まった箇所で、なぜ鉛筆が止まったのか、何を考えていたのか、を報告してもらったところ、「プランに関するもの」「情報の検索に関するもの」「情報の喚起」「表現を整える」「読み返し」の五つに分類されたという（二一六～二一七頁）。一般に「記述」過程といわれる活動でも、子どもは、そのなかで、構想に戻ったり、情報を探したり、読み返したりしていることがわかる。

内田は、推敲に関しても、「推敲は作文を清書し終えてから始まるものではない。推敲は自分のアイディアや意識を明確にするために組み立てをメモを作る段階からすでに始まっているのである。時間をかけて考えを練っていく過程でピッタリしたことばに言い表し、ものごとの筋道をはっきりさせる営みなのである」（二三〇頁）と述べている。

こうした意味で表現過程を子どもの活動から見ていくならば、相対的重点はあるが、表現活動は総合的な「非単線型」、つまり、複合型とも言える特徴を持っている。もちろん、この「非単線型」という内田の提起それ自体の検証も必要であろうが、これからも表現活動の特徴を表現主体のがわから解き明かした研究成果に学んでいく必要がある。

今日、子どもの書きことばによる表現活動の発達的特徴を解明した研究に学びながら、私たちが積み重ねてきた表現指導論を検証し、今日の子どもたちの実情にみあった、かつ今日の研究成果の水準にふさわしい生活綴方の指導論を構築していく必要がある。

# おわりに

子どもたちは、うれしかったことも悲しかったことも、おもしろかったこともつらかったことも話したがり屋で、また、友だちの話を聞くのも大好きである。子どもたちのこの生活表現と交流への意欲は、彼ら自身の天性の要求である。生活を他者に伝えようと表現するために、子どもたちには語るべき生活をリアルに見つめ、とらえることが求められる。

残念ながら、今日、自らの表現を失いつつある子どもは少なくない。子どもが他者に語らなくなるのは、彼らの生活そのものが生気を失っており、表現への意欲が何かに制限されたり、抑圧されたりする力が働いているからである。

いつの時代も、生活綴方は、表現を武器にして、子どもを取り巻く制限・抑圧から子どもの解放をめざし、子どもたちに安心できる生活の場をつくってきた。今日、生活綴方が子どもの心の解放に果たす役割はいちだんと大切である。こうした時代の要請が生活綴方の持つ教育観に期待する以上、日本の生活綴方実践は、子どもと共に歩む実践者たちの手で引き継がれ発展していくにちがいない。

（二〇〇一年）

# X　教師たちの実践的模索から新たな指導観へ

今日、子どもたちの生活とその内面は、そのまま表現に結びつけることが難しくなっている。それを簡単に表現力が低下したとはいえないところに、今日の生活綴方実践の難さがある。子どもたちのみずみずしい表現は消えてしまったのであろうか。教師たちの模索が続いている。ここでは、その教師たちの実践的模索から新たな開拓への試みに学んでいきたい。

## 1　子どもたちが抱える心のつぶやきと叫び
### ―正義感をふりかざす教師からの転換―

ある研究会の分科会で、今日の子どもたちのことばの獲得の問題点と豊かなことばの発達とはどういうことなのかを具体的な例を挙げて話したときのことである。

子どもたちが「むかつく」「うざい」「死ね」などのことばを連発している実態が語られ、そうした子どもたちの発することばを「ことばの乱れ」というとらえ方をし、それらを禁止する方向での発言も少なくなかった。「死ね！」と発せられることばは、そのまま「死んで欲しい」ということを意味しているわけでなく、ある種の感情をぶっつける時の記号的ことばになっている。しかし、そのことばの裏には「死ね！」ということばでしか表せない内的世界をかかえているというとらえ方をする人は少なかった。子どものとらえ方が表面的で、ことばを禁止すればなくなる式のとらえ方がまだまだ根強いことがわかった。

その分科会で栗原伸さんの実践記録から「むかつく」とか「うざい」ということばの裏には、こんな気持ちを抱えているのではないかと作品を読んだ。（栗原伸「子どもの思いを受け止めたくて」『作文と教育』二〇一〇年一月号参照）

はあー。
やる気がでない。
「六年」か。
はあー。
「六年」か。

子どもたちは六年生でどこか目一杯の感覚を持っている。そこには日々の生活につかれ、学力競争に駆り立てられている日常がある。

じゅく

ゆう

じゅく。
ハッキリ言うと、やめたいと思うときがある。
テスト、点が低い。
くやしくて、時々泣く。
（なんで、受験するなんて言ったんだろう。）
時々思う。
ストレスがたまる。
ときどきじゅくの子が、ぼくの物だけ取ったりする。
すごくいらいらする。
こんどやられたら、やりかえしてやる。

塾通いの毎日が子どもたちを追い詰めている。ストレスをため込んで毎日を必死で生きている姿がある。

わくわく

みき

早く榛名に行きたいなぁ。

金土日は、ずっと思っているだろう。

けど、きっと榛名では寝られないだろう。

それが一つ心配。

木曜日。

寝不足になって授業を受けてはいないだろうか。

水曜日。

塾を休むから、みんなにおくれをとらないか。

心配だ。


移動教室にも参考書を持っていき、みんなが寝ている暗い部屋で一人勉強をしている子もいるのだ。両親の期待に応えようと必死なのだ。栗原さんは書いている。

「放課後の子どもたちは、塾で競争しています。遊んで気分を発散することができないでいます。何で受験するの?と酷なことだと思って聞いてみましたが、やはりはっきり答えられません。答えは、両親が受験させたいからです。」

学力競争に追い詰められている子どもたちは、親に対してもストレス・不満をぶっつけている。次のような光景はどこの家庭でも日常的に繰り返されているのかもしれない。

おに

みき

私は起きてからすぐにいやなことがおこりました。

起きたときは、

「さっさと起きろ。」

と三回どなられ、ごはんを食べるときは、

「さっさと食べて。」

と、言われ、歯みがきをしているときは、

「かぎつけた。ベットたたんで。」と連続で言います。

それを毎日言ってるのに、
つかれないのはオニのようと思いました。


みきさんについて、栗原さんは、「低学年の頃から受験のため、塾に通い、友だちと遊ぶ時間が限られていました。『はい、ムリー。』が口癖で、友だちへの乱暴な言い方やわがままが目立っていました。」と書いている。

なおとくんも、苦しい胸の内を書いている。

## 言えない

なおと

両親とも先生。だから、
「勉強のこととか聞けるからいいね。」
って言われる。
(どこが?)
いつも思う。
だって、夏休み前は大変そうだから口もきけない。
話したいことあるけど、言いづらい。
聞きたいことあるのに、
自分の中にためちゃうことがなれるから、
もやもやすることが多い。
帰ってくるのが遅い。
夜は自分の学校の話ばかりで、うざい。
どーでもいいよ。
うるさい。
でも、自分のために働いているから
何とも言えない。

自分の思いを語れない忙しい親たちへの精一杯の抗議である。
親の不仲・離婚に心を痛めている子どもたちも少なくない。

泣かないで　　　　　　みち

私の親は離婚した。
（中略）
私が寝ているときにけんかしていた。
起きた私は泣いた。
たぶんわざと…。
けんかして欲しくなかった。
お父さんが来て抱いてくれた。
けど、
お母さんがお父さんから私をうばうようにして抱いた。
その後、お母さん達はまたけんかしていた。
お母さんは泣いていた。
泣かないでほしかった。
今までの中で一番つらかった。

栗原さんは、「子どもの中には、家族に言いたいことがありすぎて、何枚も紙をほしがる子もいれば、書いては消してを繰り返す子もいました。どれほどたくさんの思いを抱えているのだろうと思いました」と子どもたちの様子を伝えている。そして、「題名はお母さんへの『泣かないで』です。自分のつらい思い出なのに、お母さんをいたわるけなげさに、私の方が泣けてしまいます。どの作品も言葉にすること自体、つらかったと思います」と受け止めている。

私は、子どもの作品を読みながら、ことばが攻撃的になっている背景には子どもたちの追い込まれている生活の現実と不安感が強まっている内的世界があることを語った。

分科会では、これらの作品の力を借りて、時として攻撃的で、時として他者を拒絶することばの裏に子どもたちの生活があり、内的世界が潜んでいることを学びあえた。簡単に「ことばの乱れ」として片づけられないこと、ことばを禁止してもその生活と内的世界は残っていることがわかってもらえたような気がする。だから、禁止するだけでは問題の解決にはならないことを学びあえた。それは、栗原実践に載っているひとつひとつの作品にいずれも現代の子どものリアリティーがあり、真実の声が綴られていたからではないだろうか。

栗原伸の実践記録「子どもの思いを受け止めたくて」を読みながら、立ち止まってしまったところがある。いじめの授業の後で書いたよしきの文である。

ぼくは正直五年の二学期くらいから担任の先生は代わって欲しくて、先生が学校に来れなくなったときは、心の中でヤッターと思っていた。今日はいじめの勉強だとか言って、いつも心を燃やせなどの正義感をふりかざしているようにしか先生の言葉は聞こえなかった。（以下略）

よしき

教師にとってきびしい文である。

栗原さんは、よしきの強烈なことばに出あったとき、「子どもの本音を引き出したいと強く思うきっかけになりました」と受け止めている。このプロセスが淡々と語られているが、本当はどうだったのだろうか。実践記録を読んだあと、一度お会いしていただけないかと連絡を取った。

よしきは、三・四年生の時には廊下にねそべって教室に入るのをいやがったりしていた子どもだった。五年になり担任したが、教室にも入るようになり安定してきたかなと思っていた。この日記で、「先生が学校に来れなくなったとき」とは栗原さんが病気になったわけではなく、出張かで休んだ時のことだろうが、担任が代わって欲しいと思っていたことを知り、ショックを受けたという。

「いつも心を燃やせなどの正義感をふりかざして」というのはあたっているかもと話す栗原さんは、学校では赤いはちまきに短パン姿で熱い教師を演じていたと話してくれた。そのことに違和感を持っている子もいるのでしょうと笑う。

熱血教師の原点は、彼の教師になるまでの経歴を知ってうなづけるところがあった。

農業系の大学を出て、ジャイカの海外青年協力隊でアフリカのセネガルに行き、果物の接ぎ木指導を二年半ほどおこなっていた。帰って歌手になりたいと思って路上で歌っていた時期もあるという。環境教育にひかれて飛騨高山で子どもとのキャンプに参加したことが教育の道に入るきっかけになったという。

一〇月八日、朝から台風が関東をおそった。大雨と強風の中、子どもとグランドに出て、強風でゆらぐ木々の音を感じ、びしょぬれになって雨と風を肌で感じた。教室に戻ってみんなで詩を書いてみたと話してくれた。

今どき、規格外の教師なのだ。伝説的に語りつがれている戦前・戦後の型破りな教師に出会ったようなたのしい時間であった。こういう指導したからこういう作品が生まれたというよりは、「表現って子どもそのものなんだよな」と、かれはつぶやく。

多くの教師たちは、教室でよしきのような内面をもった何人もの子どもたちと直面している。二〇年、三〇年教師を続けてきて、日記や作文教育にも取り組んできた教師たちがクラスの「荒れ」に直面し、病気になっている。それほど子どもたちの現実は困難になっているともいえる。しかし、その困難の中でどのような子ども観の転換が自覚されているのであろうか。栗原さんは、子どもたちを退屈な日常から異次元の時空間に連れて行くことで、子どもたちの転換を呼び起こそうとしているように思えた。

## 2　子どもが自分に向けた真実の声

鈴本哲実さんの日本作文の会の〇九年長崎大会のレポートと資料を読んで久々に今日の中学生が語られている実践にであったように思えた。『作文と教育』への実践記録をお願いしたら、早速原稿が届いた。感想を手紙にして送った。

鈴木哲実さま

実践記録「自分を裸にする」を読ませていただきました。現代の生き悩む中学生が作品を通して読み取ることが出来ました。久々に生の子どもが息づく実践に出会った気持ちです。この中学生と生活を共にしている鈴木さんの実践の弾力性に強く引きつけられました。ありがとうございました。このまま掲載させていただきます。と同時にいろいろと考えさせられました。

ひとつは「読み手に向けて書いていない文章」「人に読まれることを前提にしていない」の意味をどう考えるかです。確かに文章の中に読み手に向けた表現は直接あらわれていません。その意味では自分に向かった表現ともいえます。ここで、「読み手」「自分」という表面的な対抗軸だけでなく、作品の中での人間のとらえ方の質、コミュニケーションの質をこそ問題にすべきではないでしょうか。以前の作品を読むことは出来ませんので、比較することができませんが、鈴木さんの実践の深まりとして考えることも出来ます。学級のなかに作品を位置づけて盛り上げていくことから、作品読みがその子どもの内面に突き刺さって読むようになっていったのかもしれません。

二つ目は、その作品を書こうとした動因（動機）を深くとらえることがその作者を深くとらえることにつながっていくのではないかということです。「父の記憶」の沼田さんは「ばらばらな記憶をまとめておこうと思った」ことを鈴木さんは動機だと書いています。動機とは「なぜこの時期にまとめておこうとおもったのか」という内的動機を読み取っていくことではないでしょうか。「俺の足」でも、「卒業という舞台に立つた筆者が『今』の自分の視点から『過去』の自分を振り返っている」と書いていますが、彼はなぜ振り返ろうとしたのでしょうか。そこの内的動機を読み取ることが大切なのだと思います。

第三は、最初の問題に移りますが「読み手に向けて書いていない文章」「人に読まれることを前提にしていない」ということが本当なのだろうかということです。でも、内的動機を丁寧にみていくならば、読んで欲しかった人はいるのではないだろうか。三人の表現は、深いところで、父であり、仲間であり、母に向けられているように読めるのです。

用語的に気になったのは「ひとまとまり文章」ということです。それはあくまでも教師の目から見た「ひとまとまりで」、子どもからみたら自分の内面なんてまとまらないことばかりなのに、まとまったような文を書いてしまうことになっている場合も少なくないのです。つぶやきや叫びにことばを与えていくことに表現の原点があるように思えるのです。

今度いつかお会いする機会があったら、交流しましょう。ところで、鈴木さんって何歳ですか？

鈴木さんから返信がとどいた。

お忙しい中、わざわざ感想のメールをいただき恐縮しております。また、返信が遅れまして申し訳ありません。ただ今、文化祭を控えており、忙しさの真っ直中でしたので。（当方、学年演劇の担当となり、多数の子どもたちを相手に、石田衣良の「4TEEN（びっくりプレゼント）」を台本化し、奮闘しております。

何点か考えさせられたことがおありだったとの事ですので、そのことについて私見を述べたいと思います。

まずは一つめについてです。「『読み手に向けて書いていない文章』『人に読まれることを前提にしていない』の意味をどう考えるか」ということです。村山先生は、「人間のとらえ方の質、コミュニケーションの質」の変化の可能性を言及されておりますが、それは、彼らに寄り添っていた者の実感として確かにあります。先生が「学級のなかに作品を位置づけて盛り上げていくことから、作品読みがその子どもの内面に突き刺さって読むようになっていった」のでは、とも書かれておりますが、確かにこの学級は読みの質がそのように変化しました。（自分が受け持つ学級は、多かれ少なかれ、そのような変化を呈します）。

ただ私が言いたかったのは、非常にシンプルなことばにすれば、「子どもたちは書きたいから書いている」ということです。「書く必要があって（教師に求められて書く・授業の一環として書く）書く」ということではなく、自然発生的に書く動機が醸成され、「勝手に」書いていた……ということを強調

したかったのでしょう。（略）

二つめについて。私は日頃から、「経験は文字にしてこそ真の経験となり記憶となる」というようなことを言っておりました。なぜなら、そこに「経験のとらえ直し」があると考えるからです。経験したことへの「新たな意味づけ」とでも言いましょうか。確かに自分が経験したことを自分の糧とするために、それをしっかりと自分の血とし肉とするために、たくさん文章を書いてみるといいよ…。というようなことです。一言では申せませんが、毎日のように子どもたちへかける言葉が累積し、彼らの書く動機となっていると私は分析しています。

三つめについてです。読んで欲しかった人はいるだろう、というご指摘ですが、それは「確かに」存在するでしょう。しかし、「直接」その人たちへ書いたものではない、ということだと感じてるのです。自分のために書き、それが図らずも他者宛にもなっていた……という感じです。小一の「先生あのね」とは絶対に違います。授業の中で取り組み、（こんなのを書いとけば先生は認めてくれるだろう）といった、血の通っていない文章とも違います。

「ひとまとまりの文章」という用語については、先生のおっしゃるとおりです。作品としては「ひとまとまり」とはなっていても、それはあくまで長大な自分史の中の一節に過ぎないでしょう。子どもたちは、ただ、「まとまらない内面」を「その時の彼らの感受性」で「切り取った」に過ぎないのだと思っています。

だらだらと書いてしまいましたが、先生からのメールは非常に刺激的でしたし、改めて開眼させられたことも多いです。深く感謝しております。ありがとうございました。

追記＊　私は一九六五年生まれの四四歳です。教職について一九年目になります…。
追記＊＊　私も、お会いする機会がありましたら是非お話ししてみたいと思っています。
今年は免許更新に当たり、更新講習に辟易していますが先生が講師を務める講座があることを知り、失敗したなあ……と。それでは、台風が近づいておりますのでくれぐれもご注意なされますよう。…。

鈴木哲実　拝

手紙の交換から議論すべきことは多々あるかもしれない。何年ものあいだ毎月お会いしていても、意志が交流しえないこともあれば、一度もお会いしていないのに通じ合える人もいる。同じ意見だからというのではない。そうさせるのは、子どものとらえ方や実践との向き合う姿勢が共感できるからであろう。いずれゆっくり話せる出会いが楽しみだ。

話を先の研究会にもどそう。参加者の中には子育てに苦労している親も参加していた。不登校になってどうしたらいいのかわからないと涙声で話す母親。高校から引きこもりになっている息子と向き合っていると話す母親。

私は、研究会の最後のまとめの発言で、鈴木さんの実践から菊池謙吉くんの作品を読んだ。

## 班ノートから

中学三年　下山英一（〇九年三月卒業）

今の母が母になったのは、小六の夏だった。その日から一緒に暮らし始めた。一緒に暮らしているのに「母さん」って呼べなかった。恥ずかしかったのもあった。母も母で「君」づけで呼ぶ。母との距離は縮まらない。

そのまま、約一年が過ぎた。

それからは、離れて暮らすようになり、母とは会わなくなっていた。距離がだんだん広くなっていくような気がした。

中学に入ってから、たまに遊びに行く。たった二日や三日だけ。何も話すことが出来ない日もあった。そして今。たまにだけど、連絡を取り合っている。

受験の日、メールが届いた。

「今日、受験でしょう？　落ち着いてがんばって。ファイト。　母より」

うれしかった。言葉に出来ないくらいうれしかった。やるぞって気にもなった。心配してくれている、ということが分かったから。

そのメールへの返事は返せなかった。メールでいくら「ありがとう」って言っても、口で言えないと意味がない。だから返さなかった。

そうは言っても、メールでは伝えることが出来ても口では伝えられそうにない。だから、口でつたえられるようにならない限り、返事は送らない。

近いうちに会うと思う。だから、その時絶対に言う。

「メールうれしかったよ。ありがとう」って。

それに、母親は一人しかいないんだもんね。離れる前に伝えとこう。言わなきゃ……。

「受験の日、メールが届いた」このひとつのできごとが、菊池君のこころを動かしている。卒業式のあとに病院に行って花束を渡して「ありがとう」を伝えられた。私も読みながら声がうわずった。会場のたくさんの参加者が涙を流して聞き入っていた。

私は、いろんな困難があっても子どもはまっているのではないだろうか、そこに可能性を見いだすことができるのではないかと結んだ。

この参加者の感動を生んだのはやはり子どもの真実の声だろう。先生に書かされたものではなくて、自分が誰のためにでもなく、自分で自分の思いを書かずにはいられなかった真実の叫びが多くの参加者の心を打ったのだろう。子どもの真実の声がもつ意味を実感させられた。鈴木実践に真実の声の表現こそが生活綴方の命であることをあらためて学ばされた。

## 3　子どもは「書けない存在」なのか
### ―表現意欲の源と指導論への反省―

「子どもたちって自分の気持ちがなかなか書けないんですよね、どうすれば書くのでしょう」という質問に出合うことがある。その気持ちはわからないでもない。また、近年、若い教師のための作文講座が各地で開かれている。そこでは、「どう書かせるか」の指導技術の伝達にウェイトが置かれすぎていないかと不安になる。右のような問題を考える上で、飯塚祥則さんの「引き出すことと受け止めること」（『作文と教育』二〇〇八年、八・九・一一月号）は貴重な示唆を与えてくれる。飯塚さんは、子どもを「書かない存在」としてとらえていた時期があったと語り、そのためにさまざまな指導技術を導入してきた自分の実践を見直している。この転換の意味を深く学んでみたい。

飯塚さんは、毎回、作品をもとにした心温まる話を書きながら、立ち止まって考えてみなければならない大切な実践的課題を提起している。

しつもん

二年　あやこうじ　まひろ

まひろがままにしつもんをしました。

ままに
「大きくなったら女の人でどういう人になりたい?」

ときいた。そしたら、ままが、

「まひろみたいになりたい。」

っていった。まひろがわらった。


六月に書かれたこの日記への飯塚さんの赤ペンである。

「『まひろみたいなりたい。』っていわれたまひろちゃんの顔がうかんできます。こんなふうに自分の子に自然に言えてしまうお母さんてすばらしいです。とってもいいおやこかんけいですね。」

飯塚さんは、四カ月後の一一月の教育相談の時に、まひろのお母さんと話す機会があり、「しつもん」が生まれた時のことをはじめて知る。お母さんが書いてくれた手紙の一部である。

「子どもが産まれてから目まぐるしい日々を過ごしてきました。寺での慣れない生活。主人は仕事で忙しく、孤立感もありました。いつの間にか、大声で笑ったり、はしゃいだりする事を忘れ、子どもに対しても八つ当たり気味に怒鳴る毎日でした」（『作文と教育』八月号参照）

ある日、倖田末末がでているテレビを見ているときに、まひろちゃんが突然「ねえママあ、大きくなったら、どういう人になりたい?」と聞いてきたのでした。出演しているあの女優、この女優とさがしているうちに「その時、目の前で私の答えを大きな目でじぃーっと見つめて待っている、真絢がめにとまりました。その瞳は、濁らず真っ直ぐで正に純粋でした。その時パッと浮かんだ答えが『真絢』

でした。」（同前）
苛立っているお母さんが嫌いになりそうだったまひろちゃんは、お母さんに「大きくなったらまひろちゃんのようになりたい」と答えてもらってどんなにうれしかったのでしょう。また、どんなに安心したのでしょう。まひろちゃんの「しつもん」とお母さんの答えの間にはこんなすてきなドラマがあったのだ。
飯塚さんは、語っている。
「まひろちゃんはぐうぜん書いたのではありませんでした。お母さんとのごく自然なやりとりのなかで、例えようもないほどの『嬉しさ』が生まれたのです。そのときの『喜び』がこの作文を書かせたのでした」

おたんじょう日

ひらい　さき

12月7日にやっと8さいになりました。
おかあさんがせきはんをたいてくれました。
よる、ごはんの時におかあさんとおとうとが
「おめでとう!!」
と言ってくれました。わたしは
「ありがとう♡」

と言いました。おかあさんが
「今日はママもおめでとうだよ。」
と言ったので
「どうして？」
と聞きました。おかあさんが
「だってママがさきたんのママになった日だから。」
と言いました。そうしたらおとうさんが
「じゃあパパにもだ。」
と言いました。わたしは2人に
「おめでとう」
と言いました。２人とも
「ありがとう」
と言ってました。そのあとみんなでケーキを食べました。
とてもおいしかったです。

ほのぼのとした家族の幸せそうな誕生日の風景が綴られていると読んですましそうな作品である。ここにも平井さん家族のドラマが隠されていた。おかあさんの手紙には、次のように綴られていた。
「（略）私たち夫婦は結婚して八年近く子どもがいない生活でした。結婚すれば子どもができるのは当たり前だとおもっていましたが、何年か経つうちに当たり前の事ではないことに気づいたのが現実でした。（略）一大決心をして病院に通い、丸三年経った時、咲妃が私のおなかにやってきました。（略）そしてとうとう八年前の一二月七日に咲妃が生まれ、私たちは家族になり、父と母になる事ができました。」（同前）

だから咲妃のおかあさんにとって「咲妃がいくつになっても、咲妃の誕生日は、ずっと私にも『おめでとう』の日だと思っています」ということだったのである。さきさんの誕生日は、ママやパパにとっても特別の思いのある日であったのだ。ここでも親子三人のひとりひとりの嬉しかったドラマが、さきさんの表現を生み出している。これらのドラマにこめられた心の波動が他者に伝えたいという表現意欲を生んでいるのである。

飯塚さんは、子どもの表現がどのような心の波動から生まれてくるものかを語っている。それは、一般的には作品読みの大切さという枠でくくられそうである。しかし、飯塚さんが言わんとしていることは、日々の生活のなかのドラマ（事実）の感動、うれしさ、喜びが子どもの人間的信頼や人間への愛をはぐくむものであり、そこに子どもの表現の源があるということである。そして、子どもによって綴られたその生活が教室で読まれ、家庭にも広げられ、それを読んだクラスの父母を結びつけ、共感と安心を育てていくものである、ということである。

こうして、飯塚さんは、表現が生まれる生活に深く根ざした動機を知るにつけて、子どもへの表現指導とは何かを自問している。飯塚さんは、「一〇年ほどまえから私の作文の書かせ方はまったく変わってしまいました」から始めている。

「それまでは、ひとまとまりの『いい話』を、知らない人にもよくわかるように書かせることに力を注いできました。私がいいと思う作文は、書く値打ちがあり、書くことによって育つと思えるものでした。それを丹念に書かせるということだと思い込んでいました。

したがって、どんなことを子どもに選ばせて書かせればよいか、書く必要のないものはなにか、書く価値のないものはなにかも含めて指導するのが教師の仕事だと思っていました。だから、書き直しや書き足しも必要になることもあり、題材や内容に私が直接関わることもありました。」（『作文と教育』一一月号、七二頁）

飯塚さんは、さらに、次のようにものべている。

「でも、この働きかけは、子どもたち一人一人がそれぞれの色を持っていたとしたら、そんな子どもの色を私の色に染め変えていく行為ではないだろうかと思うようになったのです。（略）『子どもたち一人一人の違う色』が、より鮮明になっていくことが、『私の色』でありたいと願うようになりました。」（同前）

この転換を飯塚さんは「それは、『引き出す』ということではなく、より深く『受け止める』ということでした。『引き出す』は、教師に向かって子どもを近づけること。『受け止める』は、子どもに向かって教師が近づいていくこととも言えます」（同、七二）と述べている。

飯塚さんはこの転換に突き当たったのは、三〇人の内、奇声を上げたり席に着けなかった子どもが六人もいるクラスを持った時であるという。その子たちを前にして「もともと内在している子どもの力を信ずる」以外にないと思ったことが、「もともと内在している子どもの書く力を信じる」事への転換につながったのだ。（同、七六）。子どものもっている書きたい意欲に依拠した時の作文がおもしろく、これまでのような指導をしないほうがいいのではないかと思うようになったというのである。作文の会のサークルなどでは「書き切れてない」「ここがよくわからない」と批判されても、「子どもたちはぐんぐん書き、学級文集に載った友達の作文をおもしろそうに読み、一方で保護者や祖父母の反響も大きくなっていきました」（同、七六）

飯塚さんは次のような結論に至っている。

「どの子も、本当は書くことが大好きなのだということも知りました。今まで、どこかで子どもたちを書けないい存在だとおもっていたのです。だから、書かせるための方法が必要になっていたのです」（同七七　傍点――村山）

もちろん、飯塚さんは表現指導一般を機械的に否定しているわけではない。

筆者はかつて教育実践における「みとめ（共感・受容する）、はげます」ことの意味転換を考えたことがある。以前は、まず、子どもの表現を認め、そこから次の生活にむけて励ましていくと二段階的に理解していた。ある時期から、「子どものあるがままを受け止めることが、教師と子どもの関係性を解き放ち、心地よさ感覚を生み出し、そのことが子どもへの最大の励ましになっていくのである」（拙書『現代の子どもと生活綴方実践』新読書社、二一三頁）と思えるようになった。つまり、「みとめ、はげます」ことを「みとめることが、はげますこと」と一元的にとらえられるようになったのである。

（二〇〇九年）

# XI　生活綴方実践における詩的表現の可能性

## 1　「詩の指導を最初にする」という提起とその意味

子どものことばと表現は時代と共に変化していく部分がある。それは、書きことばによる表現そのものの変化であったり、表現意欲や意識の部分であったりする。それは、基本的には子どもと取り巻く生活・文化環境の変化によって呼び起こされるが、その環境が屈折しながら反映する子どもの内的世界に影響を与え、ことばや表現に現れてくる。いいかえれば、子どものことばと表現の変化は、子どもの内的世界の変化でもあるのだ。この子どもの書きことばによる表現の変化に表現指導も進化を遂げていかなければならない。民間教育諸団体の一部には「○○方式」をつくりだし、それを何十年間も不変に追求していることは敬意を表するが、指導方法は、本来、子どもの生活と内的世界の変化を敏感に読みとり、弾力的に探求されていくことが必要なのではないだろうか。

## （1）津田八洲男の「詩の指導を最初にする」提起について

津田八洲男の最初の実践記録書は『かもめ島の子ら』（民衆社、一九七九年八月）である。津田の生活綴方の原点はこの実践記録にある。その『かもめ島の子ら』のなかで、ずっと気になっている所がある。

「二年ほど前から、私は、詩の指導を最初にすることにしている。四月当初から、三週間ほど詩の指導をし、そのあと散文にはいる。詩の指導の方が、子どもたちにとって抵抗が少なく、『何を書かせるか』という題材の指導がしやすいからである。」（『かもめ島の子ら』一二八頁）

筆者は、これを最初に読んだ時（一九七九年）に、右の引用カ所の横に次のような書き込みを入れている。

「これだけの意味で詩の指導から入るのか？詩から入るということの意味を深く考えてみたい。ここには深い意味がありはしないか？」

それ以来、この津田の提起にかんして彼自身から本格的に一度書いてもらいたいと思いつつ機会をつくることができなかった。津田の「私は詩の指導を最初にすることにしている」という提起は単なる思いつきではなかつた。この時期の津田の文集を見てみると、確かに四月、五月の文集は詩の指導から入っている。

津田は、それから一五年以上すぎた『作文と教育』（一九九六年二月号）の論文「今改めて書き綴る意味を考える」において、再び詩の指導を先におこなうことに触れている。

「ここ十数年、詩の指導から入り、一カ月ほど続けることにしている。これは、日記と結びつけて題材を広げさせていく仕事をさせるためであるし、『何を書いてもよい』ことを知らせることでもあるし、子どもの心を開かせることでもある。さらに、『場面を書く』ことを大切にすることでもある。これはやがて散文と結びついていく。『心ふるえたひとつだけのことを』で始まり、『心ふるえた場面を書く』につなげていく」（『作文と教育』（一九九六年二月号）

二つの引用から詩の指導からはいることの積極的な意味を引き出すことができる。

①　子どもたちの抵抗感が少ない
②　日記と結びつけて題材を広げやすい
③　「何を書いてもよい」ということを知らせる
④　子どもの心をひらかせる
⑤　「心のふるえた場面を書く」ことを大切にする

それは、津田が直面していた実践上の課題（困っていたこと）の現れでもあったと読めるのである。

つまり、裏を読んでいくと、

①　書くことに抵抗感のある子が増えている
②　題材が狭まっている
③　何を書いていいのか迷う子が増えている。いいことを書かねばという意識が強まっている。
④　子どもの心が閉じている。表現に開放感が少なくなっている。
⑤　感動の場面を捉えられなくなっている

津田は「今改めて書き綴る意味を考える」の冒頭で、子どもの荒れ始めている実態にふれながら、つぎのような指摘をしている。

「書くことに関しては、本当の思いをなかなか書いてくれないし、文章も短い。ある日ある時のできごとを順序よく書いたり、思ったことを思ったとおりに書ける子どもが少ない。（略）私の思いや言葉がまっすぐ入っていかない子どもたちが増えている。（略）今までの経験だけでは通用しないくらい子どもたちの心も複雑になっているということだ。それだけ子どもたちもたいへんな時代にいるのだ。子どもたちも苦しいのだ」（同前）

津田の「詩の指導を最初にする」「詩の指導からはいる」という提起は、子どもたちの急激な変化の中で、子どもたちの書く作品の表現にもこれまでとはちがった困難がたちあらわれてきていることを打開する指導方法の模索であったと受けとめることができる。

「詩の指導を最初にする」という提起は、「心ふるえたひとつだけのことを書く」で始まり、「心ふるえた場面を書く」につなげていく実践者の経験からつかみ取ったきわめて重要な指摘であったのではないだろうか。もちろん、この提起は指導技術としての提起ではなく、あくまでも、「あらゆる手を使って、子どもたちの心に感動の芽を、人間としての温かい思いを育てていく仕事をしなくてはなりません」（文集『ありんご1』一九八三年、あとがき）という目的観と密接につながっていた。

## （2）橋本誠一の「詩の指導を最初にする」の捉え方

津田の先輩にあたる橋本誠一は、筆者と津田、橋本、黒藪次男等との最初の共同の仕事であった『生活綴方実践の創造』（民衆社、一九八一年）に寄せた論文「生活綴方の具体的指導」において津田と同じように、詩の指導から入ることの積極性について発言している。

橋本は津田と同じように子どもと生活と表現の変化を認識している。

「作品に心のゆれが感じられないのは、単に見て通りすぎているからではないだろうか。（略）消費文化の谷間にある子どもたちは、じっくり見ることもしない。（略）大事にしなければいけない人間感覚や感動すらも持ち合わせていないし、ものに対する価値観もゆがめられている」（『生活綴方実践の創造』二一六頁）

橋本は、描写指導にふれ、「感動のトップでものを見、とらえられる子にするために描写を重視したい」（同前、二一二頁）とのべ、次のように書いている。

「詩は、感動のトップを捉える仕事だが、そういう詩的感動の場の捉えをもっと散文に採り入れていい。詩と散文は車の両輪だと言われながら、一般的にはバラバラに走っているために、平板なものの捉えに終わって記述されていることを散見するからだ」（同前、二一三頁）

「私は詩的表現を初めから重視し、散文と日記と三つの軸を平行させながら進めていくのだ。今、私は一年生を担任しているが、）『したことをしたように書く』という仕事より先に、喜びや驚きの叫び表現をさせることを先行させている。

野原の草を見に行った時、根を掘ったり、葉の付き方を見せながら、わかったこと、おどろいたことを話すように書いてと書かせている。子どもらは、まだ、したことをしたとおりに書くということはできないが叫びを書くことはできるからだ」（同前、二一四〜二一五頁、傍点筆者）

橋本の「子どもらは、まだ、したことをしたとおりに書くということはできないが叫びを書くことはできるからだ」という指摘は、作文の会で一般的に理解されている書きことばによる表現の発達順序とは異質の部分を含んでいる。表現としての「叫び」とならんで「つぶやき」も入れて考えていきたい。そこに時代の変化に対応した指導方法の組み替えとしてだけでなく、「詩の指導から入る」ということをより積極的に一般化していく発想があるように思える。その例として、橋本は、次のような作品を示している。

くみこね　おおばこをみたの。
おおばこのねっこがすごくふとくってびっくりしたよ。
ねっこのところが、
ひげみたいにもじゃもじゃしてたよ。
おおばこのはっぱてすごくおおきいね。
おおばこのねがふといからじょうぶなんだね。

この作品のあとに、橋本は、「このような感動の場面をはっきり捉え、感動というのはこんな事を書くことなのだとおさえた後で、『はこべをとった時のことを』『おおばこをとった時のことを』どんな事をしたら、その感動（驚き）が生まれたのか、わかるように、順序よく書きましょうと『したとおり、見たとおり』に散文形態の文を書かせるようにすればいいと思っている。」（同前、二一五〜

二一六頁）とのべて、「感動の場面をはっきり捉え」させることによつて散文の表現をリアルにしていこうと提起しているのである。

## （3）詩こそ感動の場面をおさえる

津田・橋本は、「見たことや聞いたことをくわしく書く」というときに、そのくわしさは単なる事実や事柄の羅列的なくわしい表現ではないと考えている。子どもたちが見たり聞いたりしたことの表現に感動がつかみ取られていないことをどう耕していくかを課題にしているのである。詩は、感動トップの場面を切りとってその感動を「叫び」や「つぶやき」の端的な表現として引き出す。その感動ある詩的表現をこそ子どもたちに取り戻させるために、詩の指導を最初に行ってみるという提起になっていたのだと受けとめることができる。

橋本の結論は次のようなものである。

「だから、詩は難しいから後回しにして散文だけ書かせようとか、詩は短い文で見るにも処理するのにもやさしいから詩だけ書かせるという取り組みにも反対なのだ。詩こそ、感動的場面をおさえるという、散文指導を本物にしていく大事な側面を担っているのだ。」（同前、二一六頁）

これらの提起は二〇年も前のものであるが、その後、意識的に実践的にも理論的にも論じられてこなかった。あらためて、論議していく価値のあることではないだろうか。

この津田と橋本の「詩の指導から入る」という提起は、九〇年代にもうひとつの重要な意味を持ちはじめる。さらに、その理論的意味を筆者は最近になって気づかされている。

## 2　閉ざされた感情を引き出す詩的表現

前節では、子どものことばと表現は、時代とともに変化していく部分があるとのべた。そして、津田八洲男、橋本誠一の「詩の指導から入る」という提起は、七〇年代後半から八〇年初頭、当時の子どもたちの表現に感情の希薄化傾向が出始めた時期に、子どもたちの表現にリアルな人間的感情をとりもどす目的から導き出された指導の工夫であった。それは、橋本によれば、作文教育で言われ続けてきた「したことをしたように書く」という仕事より先に、喜びや驚きなどの感動の表現をさせる指導観の提起になっていた。

### (1)「事件の中の子どもたち」の苦悩の表現

津田、橋本が問題提起した後の一〇年間は、日本の子どもの実態がさらに大きく動いていった時期である。八〇年代の中頃にはいじめ自殺事件が連続した。

中野区富士見中学で「葬式ごっこ」などのいじめにあった鹿川君は「このままじゃ生き地獄だ」ということばを残して自殺した。青森県の野辺地中学では熊沢君が「これから青春したかったのに　おまえたちのせいで…この野郎」ということばを残した。かれらは、自殺の直前まで苦悩を表面にみせずに、むしろ、明るくひょうきんに振る舞っていた。連続するいじめ自殺事件は、遺書として残された子どもの「苦悩の叫び」をどう読むのか、これまでの教育実践・教育学にはなかった課題を投げかけた。

さらに、私たちは、一九八九年、女子高校生監禁コンクリートづめ殺人事件、宮崎青年による連続幼女誘拐殺人事件に大きな衝撃を受ける。

筆者は、九四年に『子どもの心の叫びを聞け』（学陽書房）を書いたが、その著書のタイトルは、当時としては勇気のいる（ちょっとはずかしい）ものであった。しかも、タイトルの前に「閉ざされた感情の奥にある」を付したのは、その時期の筆者の課題意識を表している。

津田・橋本が指摘した子どもたちの表現に感情の希薄化がみられた段階から、多発する衝撃的な事件の中の子どもたちを見ていくと「感情が閉ざされている」「感情が病理化している」現象が顕著になっており、その閉ざされた子どもたちの感情の奥にある隠れた感情をどうとらえていくか、どう受けとめていくかが課題となっていったのである。

「子どもの人間的感覚の希薄さ・ゆがみの今日的特徴のひとつは、彼らの感情が小さいときから幾重にも閉じられた状態に追い込まれ、その閉じられたままの状態に適応してしまっていることにある。この閉じられた感情にもう一度生気をよみがえらせるためには、閉じられた感情から引き起こされるさまざまな言動・行為―それがたとえ退行的・否定的に見えたとしても―をまるごと受けとめる長期の働きかけが必要である。受容することから彼ら自身が閉じられた殻を破って感情を現してくることを待たなければならないだろう」（同、一九三）

その結論として次のようにのべている。

「事件としてしか表現できなかった子どもたちの心の叫びがいたましい。その閉ざされた心の叫びを受容し、その子ども自身による表出・表現に結びつけること、そこに今日の子どもを解放していくひとつの糸口があると考える」（同、二一九）

この時期、生活綴方実践の世界では、子どもたちの作品表現にはならない、「つぶやき」や「叫び」をどう読むか、どう受けとめるかは、まだまだ焦眉の課題としては自覚されていたわけではない。筆者は、この時期に子どもの「つぶやき」と「叫び」に着目し、それを現代の子どもの表現として読んでいくことを提起していたのである。こうした時代の課題が本のタイトル『子どもの心の叫びを聞け』になっていった。

## (2) あるがままの感情の詩的表現に可能性

事件の中の子どもたちの「つぶやき」と「叫び」は、多くの子どもたちの内的世界と通底しているのではないか。そのように考えれば、これまで作品としてしか見なかった子どもの表現物は、もっと多様で複雑なものであると考えることができる。教師が評価する作品としての「あるべき表現」だけでなく、まさに、子どもたちの「あるがままの表出」に着目していくことが求められていたのである。

中学生の「叫び」と「つぶやき」である

「誰か助けてーッ」
たたいても　たたいても
あたりは　真っ暗闇

あきた　　　E子

つまらない
毎日、毎日、
同じことのくり返し
学校へいっては勉強し
部活をやって
疲れて帰ってくる。
そんな毎日にあきてしまった。
なにかいいことないかなあ

これらの表現は、自分の内面のありように必死でことばを与えようとしているものと読むことができる。しかし、これらの表現は、これまで生活綴方が大切にしてきた「あるべき生活」を書いているものとはいえないという受け止め方もある。これまでの生活綴方では、どちらかといえば子どものつぶやきや叫びをそのまま表出したものをどうあるべき生活に向けて組み直していくかが指導の対象にされてきた。その指導論では、あるべき人間像に向けて子どもを育てていくという目的論と指導論とが直結して追求される実践スタイルが前提にされていた。

筆者はこの時期、「殺伐とした心象風景をことばの形に」（『教育』九八年四月号、『子どもの攻撃性に潜むメッセージ』柏書房に収録）と題して論文を書いている。そこでは次のような提起をしていた。

イラダチやムカつく「内面の殺伐とした風景をことばにして表現しはじめたことは、それを書き綴りながら生き方を深めていったというよりも、固く自分を防御していた殻を取り外して見せたところに意味がある」「子どもたちの殺伐とした風景という内面のあるがままをことばにしてあらわすことは、子ども自身が日々抱えている不安や恐怖を対象化することである」（前掲書、二〇〇〜二〇一頁）

その殺伐とした内的風景にことばを与えるという際の形は、多くの場合、叫びやつぶやきとなっている。筆者は、その叫びやつぶやきに詩的な表現を見いだし、そこに新しい可能性があるのではないかと考えたのであった。

「伝統的な生活綴方では、ムカツキやイラダチをそのまま書いたり、うさんくささをそのまま書いたものをいわゆる『表現（作品）』とし、その意味を十分評価してこなかった経緯がある。今日、子どもの『あるがまま』をどんな形であれ、ことばにして外に出すこと（これを『表出』とか『表白』と呼んで『表現』と区別してきた）に実は重要な意味がある」（同前　二〇七〜二〇八頁）

こうした子どもの表出・表現の読み取り・批評は、その後、日本作文の会編『ココロの絵本（全一〇巻）』（大月書店）の作品選びに反映されていく。この詩集には、これまでの作品集に入らなかったような子どもたちの表現（作品）が収録されている。

明日　　中三年　匿名

（略）
今日が終わった。
私は今日何をしたのだろう。
思い出せない。
毎日、毎日、何かにおわれている。
明日は何が起こるのだろう。
それでも
朝は来る
この気持ちが
私の心から消えるのはいつだろう

また、ことばあそびのなかで思わず本音が現れてしまう実践も試みられた。「自己紹介・こんな私・ぼくです」「ぼくたち・私たちの一週間」「ムカつくとき」「気分のいいとき」など、だれでもができるシートもつくられた。

ぼくのほんね

ぼく　お母さん、きらいです。
ぼく　お父さん　すきです。
ぼく　弟、にがてです。
ぼく　お兄ちゃんたよりになります。
ぼく　かん字きらいです。
ぼく　プールきらいです。

ぼくと家族の関係をことばあそび的に書き綴りながら、おもわず自分の本音がでてしまっている。

### (3)　日本作文の会「活動方針」での整理

九〇年代の子どもの表現にたいする読みの変換は、一九九九年、二〇〇〇年の「日本作文の会活動方針」に結実していく。そこではたとえば、「表出の持つ意味と可能性」に着目している。「子どもの表出は、相手に何かを意識的に伝えたいという表現と異なり、自己の内面からの情動に突き動かされたところから出てきているることが多い。(略) それ故、表出を一つの契機として子どもたちが抱えている不安感や抑圧感からの解放も進められる可能性がある。堰(せき)をきってあふれ出た感情が、文にもならない叫びや暗号のようなものとして、テストの裏やちぎった紙切れに殴り書きされていることがある。私たちは、子どもの押さえ込んでいた感情の溶けかかりとしての表出を見逃さず受け止めていかなければならない。」

さらに、「〇三・〇四年日本作文の会活動方針」（「作文と教育」〇四年二月号）では、詩の表現の可能性に着目している。

「子どもの声に耳を傾け、子どもの願いがとらえられるようにしていきたい。そして子どもたちが心の奥にある叫びやつぶやきを表現できるように導いていきたい」としながら、次のようにのべている。

「心の奥の感情を吐き出す詩の表現がとりわけ重要になってくる。どのような感情であってもそれを表に出すことで、気分をほっとさせたりすっきりさせたりできる。一つ一つの小さな感情と事実の積み上げを丹念に行っていくことが大切である。」

「子どもたちは、詩を書いていくなかで、自分の感動や思いにふさわしいことばを選択し、その意味や語感などを豊かにしながら、感動や思いのイメージをふくらましていく。それは、ことばのなかにしなやかで豊かな感情も組み入れて、ことば自身を育てていくことになる」

「詩を書くことは、もやもやした自分の心にピントを合わせ自分の感情と向き合い、それをことばに置きかえ表現することで解き放し、『自分の気分・思い・感情の源は何か』を意識化することができる。それは、何重もの不安と抑圧の中にいる子どもたちに開放感と安心を与えていく。その過程は、自分にとってもつかみかねている内的感情にことばをあたえていくことであり、『内言』の機能をつくっていくことになる」

こうして、「活動方針」では、生活綴方が創りあげてきた児童詩実践を大切に継承しながら、閉ざされた感情をかかえている子どもたちにとって詩的表現は、心の奥に閉ざされた感情をつぶやきや叫びなどの表出的表現として引き出す可能性をもっていることを提起していた。

そして、「活動方針」では、「子どもたちの書きことばによる表現のなかで叫びやつぶやきなど内なる感情が思わずあらわれでた表出ともいえる表現物に出合うことがある」とし、こうした表出とも言える「あらわれ」を「表現的表出」と整理したのであった。

今日、攻撃性のもとになっている子どもたちのイラダチやムカツキ、不安感や抑圧感にどう向き合うかという実践的課題へのひとつの解答は、子ども自身の内面を表現として引き出すことにある。それは、子どもたちのかかえるイラダチや不安感にことばを与えるものである。そこに生活綴方実践のひとつの今日的役割がある。

## 3　子どもの内言の未成熟と詩的表現の多義性

### (1)　内言にことばを与える
### ― 西條昭男『心ってこんなに動くんだ』を読む ―

東京のある定時制高校では全校で短詩の実践をおこなっている。その文集を読んで紹介したことがある。

　　心
　　心よ、では、いっておいで

いつ、どんな場面で、誰に語りかけているのかわからない短詩である。具体的に書いてと言われても、日常の心の中の漠然とした思いなのかもしれない。しかし、前向きにはなれない自分の心に、もう一人の自分がやさしく背中を押しているようにも読める。こうした表現を内側の思いにことばの形をあたえてみることと言うことができるのではないだろうか。

　自分でもとらえきれない心の揺れやつぶやきや叫びにことばの形を与えていく詩的表現を西條昭男『心ってこんなに動くんだ』（新日本出版社）のなかに読んでいきたい。

　　じゅくの後
　　月を見ながら　帰るぼく　　（正樹）

　自由俳句としてつくられたものである。現代の子どもの生活の一場面のつぶやきであり叫びである。西條氏は次のように書いている。

「何を思って月を見ているのか、いかようにもとれます。あれやこれやと心をめぐらせて、その子の顔を思い浮かべている時が楽しくもあり、貴重な時間です。子どもを知り、子どもへのいとおしさを深めていく時間でもあります」（西條前掲書　九九）

西條氏が「何を思って月を見ているのか、いかようにもとれます」と捉えているところに詩を鑑賞する真髄があるように思える。作者の「月を見ながら」思い巡らしている内面の多義性は、その子どもたちをとりまく生活の時代性から読み取らなければならないだろう。その時代性がそれを読む子どもたちの共感を生んでいくのである。そこに子どもの表現に対する「良い・悪い」を超えた読み方が求められるのである。

次の作品はどうだろう。

いいなあと思っている

五年　香代

私は、いいなあと思っている。
いつも　いつも、
いいなあと思っている。
みんなもっているのに。
みんな　いいなあと思っている。
私はもってないのに　みんなもっている。
それは
「お父さん」

べつに　かなしくない。
べつに　イヤじゃない。
でも、
いつも、いつも、
心の中では、
いいなあと思っている。

「いいなあと思っている」は、作者がずっと持ち続けてきた心の内のつぶやき（内言）である。その秘められていた内なる思いがはじめて表現される。このつぶやき的表現のプロセスを内言にことばを与えるということができる。この内言的つぶやきは一回きりの体験をこえたところにふみ込んでいる。その表現を促す内的葛藤、それを打ち破る勇気を生み出すのは、安心であり、信頼であるのかもしれない。

子どもたちの表現には書かれている事柄が示す意味と隠されたもう一つの意味がこめられている場合がある。

ゴリ

一年　知洋

ゴリは　たのしくさんぽをしていていいな。

でも一人でさびしそうだな。
ねえ、一人でもさびしくないの。
さびしかったら、
ぼくがいっしょに
あそんでやろうか。

（注：ゴリとはカジカのこと、ハゼ科の魚）

ゴリをみつけた知洋は、川をたのしそうに泳いでいるゴリを「さびしい存在」として捉えている。だから、「いっしょにあそんでやろうか」と呼びかけている。やさしい気持ちの作品である。しかし、作者は、なぜ、ゴリが「さびしそう」に見えたのだろう。そこには自分が投影しているのではないか。ゴリに向けたことばは、自分に向けたことばでもあったのだ。

こうした表された表現とそこに隠された意味の関係をヴィゴツキーはポドテキストと呼んだ。

「生きた人間によって語られる生きた句は、つねにその言葉に現されない内面的意味（ポドテキスト）、その裏に隠された思想をもっている。（略）われわれのことばにはつねに、後ろの思想、かくれた内面的意味《ポドテキスト》（下心）が存在する」（ヴィゴツキー、柴田義松訳『思考と言語』新読書社、四二六）

注　ヴィゴツキーの原本にはポドテキストの次に（下心）というやや下品なことばの挿入はない。なぜ訳者が挿入したかは疑問である。また、「後ろの思想」という訳も「裏側の思想（考え）」

のほうがよいのではないか。わかりやすく言えば「ことばの下には隠された裏側の意味がある」ということである。

子どもの生活表現にはこうした隠された意味が込められている場合が少なくない。子どもの作品からその隠された意味をどう読むのかが試されている。

休み

五年　ゆみ

雨がふると休みで
あつい日のときも休みで
月・水・金・日も休みで
一人でも人が休むと休みで
学校へ行きたくなかったら休みで
クリスマスやひなまつりとかも休みで
冬休みや夏休みをふやして
それで学校がつぶれた

西條さんは学校には子どもたちが来ているが「本当はすでにその学校はつぶれているのかもしれませ

ん」と引き取って、「この子は初めから学校がつぶれる詩を書こうと思ったのではないでしょう。休みを連ねて書いていくうちに、とうとう学校がつぶれたのだと思います。（略）〈ほんまに学校がつぶれんように、私らを大事にしてや、私らの心を知ってや〉と迫ってくる詩です」（九一）と読み取っている。

この作品をポドテキスト的に読むとどういう意味が見えてくるのだろうか。

ゆみさんはの最後の一行「学校がつぶれた」には、学校への違和感、学校はつぶれてほしいという意識が込められているのかもしれない。

しかし、一行一行読んでいくと、休みにしてしまいたい学校だが、同時に学校への期待も表現されているとも読むことができないだろうか。毎日が休みになればいいと書きつつ、でも、学校がつぶれて行けなくなったらどうしようと揺れたのかもしれない。友達や先生のことは一度も出てこないから、友達や先生に会えなくなったらいやだなという思いがあるのかもしれない。

それならそうと書けばいいのではという意見もありうるが、このアンビヴァレンス（同一の対象に対して相反する感情を同時に抱くこと）な感覚を意図的であれ、無意識であれ、そのままに表現できることが詩的表現の大切さである。だからそのアンビヴァレンスなままに読んでいってあげられることが作品読みには必要なのであろう。

ことばは、他者への情動的コミュニケーションとして生まれ、次第に生活体験が集積されて形成されていくものである。幼児期においては生活概念として母語的に獲得されると同時に、学童期に入ると文化や科学の系統的学習によって、とりわけ書きことばの学習によって獲得される概念の相互交流によって飛躍的に発達していくものである。したがって、ことばは、人間のコミュニケーション能力においても、対象の認知機能においても、思考機能においても基底的な意味を持っていると考えられる。同時に、ことばは、人間の情動に知的な意味を付加することによって感情形成に大切な役割を果たしている。だから、ことば・表現・コミュニケーションの獲得は、人間の人格形成にとって決定的な意味を持っていると同時に、学力としてのリテラシーを獲得することにおいて基底的な意味を持っている。

現代社会におけることばの抽象化、商品化、記号化は、子どものことばに強い影響を与えている。この子どもたちのことばの変容にたいして、ことばが現存する事物にふれながら生活体験を詰め込んだりリアリティーを回復し、過剰化することばの氾濫のなかでリアリティーのあることばによる表現とコミュニケーションをうみだし、ことばの記号化が進行する中でひとりひとりの多様な意味の世界を広げていくことが実践的課題となっているのである。

## （2）書きことばによる表現と内言の相互発達の研究課題

日本の子どものことばの発達について検討してきた。その課題は、子どもの育つ社会・生活環境の組み替えを求めるものだが、同時に、教育実践の新たな構築をも求めている。その課題を考える上でロシアの心理学者ヴィゴツキーの理論は興味深いものである。ヴィゴツキーの重要な貢献の一つは外言の内言化論です。その内言化による意味化機能と認識・思考機能の相互に関わり合った発達についての理論はきわめて興味深いものである。

私は、日本の子どもたちは、内言が未成熟ではないかと考えている。また、学力の基底になることばの基礎には事柄を意味化する内言の発達が必要であるとも考えている。

「内言」について、ヴィゴツキーは、「内言は、自分へのことばである。外言は他人へのことばである」（ヴィゴツキー『思考と言語』新読書社、三七九頁）と述べている。ヴィゴツキーは、ピアジェが幼児期の自己中心的ことばに着目したことを高く評価したが、ピアジェが、自己中心的言語が学童期の入り口で死滅していくことばとしてとらえてたことに反対している。彼は、自己中心的言語は死滅・消滅するのではなくて、幼児期から学童期に言語機能が分化して、「内言への移行、成長転化が行われる」（同、三八一頁）と述べ、学童期の入り口で内言という新しい形式のことばの誕生に成長転化する（同、三八七頁）と結論づけている。

この学童期の入り口で誕生する内言は、話しことばや書きことばと比べて、音声が消えていたり、省略的である特徴を持っている。ヴィゴツキーにおける内言の役割の最も注目すべきは、内言はことばの辞書的な語義ではなくて、ひとりひとりの生活と結びついたことばの意味をつかさどるものとされていることである。ネコは辞書的にいえば「ネコ科のほ乳類の動物」である。それは、このネコということばがもっている共通の普遍的な面で、ことばの語義的側面とよんでいる。しかし、ネコは、ある人にとってはネズミを捕る大切な家畜であり、ある人にとっては自分を慰めてくれるペットという意味を持っている。ペットショップを経営する人からすれば「商品」であり、獣医さんから見ると大切な「患者」さんである。このことばがひとりひとりの生活の中でもっている世界をことばの意味的側面とよんでいる。ヴィゴツキーは、内言がその人にとってのことばの意味的側面を豊かにする役割を果たしているとのべている。

ここからは私の仮説的な考えである。私は、日本の子どもたちにとって、この学童期の入り口で二つの言語機能の分化、内言の形成が遅れているのではないかと考えている。その後、高学年から思春期の入り口でも未成熟なのではないかと推測している。つまり、「自分の内なることば、自分へのことば」の誕生が未成熟・遅れているのではと考えられるのである。

では、内言の形成がどうして遅れているのだろうか？

幼児期からの自己中心的言語を共感的に受けとめてもらえなかったことが大きな要因として考えられるのである。同時に、学童期の学びが一つの正しい答えを求める暗記主義的、訓練主義的な性格を強く持っていることも理由になっている。一つの正しいとされていることを暗記するだけの学びは、それが自分にとってどのような意味を持つかということを捨象してしまう。つまり、内言の働きは無限なのである。

それが遅れるとどのような問題が生じるのだろうか？　そこが検討されなければならない。

内言への分化・誕生の未成熟・遅れは、日本の子どもに二つの発達上の問題を提起している。

一つは、内言の未成熟が自己内対話、自分の内面の感情調整を不得意にしていることである。内言の発生・成長は、他者とのコミュニケーションと自己とのコミュニケーションの分化とも考えられる。その分化が起こるときに、ゆったりとした安心感のなかで自分の思いを受けとめてくれる他者の存在が大切であると考えられるのである。内言の未成熟は、自己とのコミュニケーション（自己内対話・自己調整）がうまく機能しない現象が進行しているとも考えられるのである。その結果、キレる現象の一つの要因にもなっていると考えられるのである。

もう一つは、ことばの辞書的な語義を知ってるだけで、ことばの意味の世界が広がらないので、自分の個性的な感じ方や考え方を持つことが苦手なことである。この傾向は日本の受験学力が正しい一つの答えを求める学習スタイルによって強められている。こうした傾向が日本の子どもたちの個性的な読解力を弱めている。その結果、二つの考えが示されて「あなたはどう思いますか。根拠を挙げて説明しなさい」というような試験問題は苦手な人が多くなっている。

センター入試や多くの大学入試は、国語では、一つの文字も文章も書きません。他者との交わりもありません。また、日本の国語教科書は、こうしたことばや表現の発達的特徴に十分配慮したものになっていません。コミュニケーションを情報を伝達するだけの形式的「伝達関係」にとどめ、コミュニケーションを人間の生活的文脈から切り離したことばの教育に走っているのである。だから、文学教材も深く読み込む必要はないという傾向に走っている。

現代社会におけることばの抽象化、商品化、記号化は、子どものことばに強い影響を与えている。この子どもたちのことばの変容にたいして、ことばが現存する事物にふれながら生活体験を詰め込んだリアリティーを回復し、過剰化することばの氾濫のなかでリアリティーのあることばによる表現とコミュニケーションを生み出し、ことばの記号化が進行する中でひとりひとりの多様な意味の世界を広げていくことが実践的課題となっている。

（二〇〇九年）

# XII　現代の子どもと書きことば・表現をめぐる研究課題

人間は、ことばを豊かにしながら人間らしさを獲得してきたと言われる。この数十年、日本の子どもたちの生活が変容していることにともなって、ことばも組みかわっている。死語となりつつあることば、新しい物や現象の出現にともなって生まれたことば、時代の人々の気分や感情をあらわすことばなど、ことばは時代とともに変化するものである。問題は、その変化の質である。

現在起きていることばの変化の一側面として、人間が外界を認識し、物事を考え、感動したことを表現し、他者と共感しあう人間の人間らしさを組みかえているのではないかという危惧を持つ。ことばの変容は、子どもたちの体力や運動能力の低下、また、生活体験の衰退などと関連し、人間そのものの激変につながっているのではないだろうか。

こうしたことばの変化のなかで、書きことばによって生活を表現することを人間発達の重要な活動とみなしてきた生活綴方実践は、どのような課題を持つのだろうか。

## 1　感情表現の共感的受容　―少年事件から提起されている課題―

右の課題を考える上で、連続している少年事件の主人公のことばと表現は、重要な示唆を与えてくれる。

これまで筆者は、読書や作文などによりことばと表現が豊かに育っている子どもは―何を「豊か」と見るかは意見の分かれるところではあるが―人間性も豊かに育つという漠然とした仮説に依拠して生活綴方実践を見てきた。しかし、佐世保小六殺傷事件の加害少女Aは、読書量も多く、発表されている詩や作文などを読むかぎり書きことばもある面では発達した子どもであったと考えられる。ところがその発達した書きことばで交換日記やHP上に日記や詩を書き綴り、自作の小説を書きながら、他者への攻撃性を強める世界に入っていき、その世界でクラスの友だちだった怜美さんにカッターナイフを突きつけてしまったと考えられる。書きことばが、ゲーム感覚で殺害する世界を自分のなかにつくり出すのに役立っているのではないか。二〇〇三年一一月に大阪河内長野市で起きた大学生の男子と高校生の女子による両親殺害事件の少女もたくさんの詩をHP上に公表していた。（『村山士郎教育論集』第三巻参照）

一般に事件にかかわった子どもたちが書いた表現物を、その事件に直接的に関係すると思われる部分だけを抜き出して性急に利用したり、あるいは事件を起こしてしまったという結果から、当時書いたものを強引に事件の背景に関連づけて読み込むことは、つつしまなければならないだろう。これらの子どもたちが突きつけている課題は、いったん、その子どもの生活・発達上の問題として設定し、生活綴方実践にとっては子どもたちのことばと表現を丸ごとどう読んでいくのかという課題として受け止めなければならないだろう。

今日の子どもたちの多くは感情の抑圧状況にある。そして、感情が長期にわたって抑圧されていることによって無感覚になってしまっている。

佐世保小六殺傷事件の加害者に対する長崎家裁の「決定」は、「少年は愉快な感情は認知し、表現できるものの、その他の感情の認知・表現は困難で、とりわけ、怒り、寂しさ、悲しさといった深い感情は未分化で、適切に処理されないまま抑圧されていた」と述べている。

黒沢幸子氏は、事件直後、「ムカツク」「超ウザイ」「ぶっ殺してやりたい」「死ねばいい」などのことばを「感情の未分化」ととらえ、じっくり聞いてみると「ムカツク」は「悔しい」、「悲しい」、「わかって欲しい」、「怖い」、「妬ましい」、「寂しい」などの感情に分かれると指摘している。そして、「怒りの言語化は腹立たしさを胸中に抑圧するのと違って問題を解決に向かいやすくする」一方、「怒りが適切に表現されずに抑圧され、それが、慢性化すれば、一気に噴き出す危険をはらむ」と分析し、「大人が怒りを抑制しかねている子どもたちの気持ちを頭ごなしに否定」するのではなく、受け止めてあげることが重要であると述べている（「朝日新聞」二〇〇四年六月五日）。

今日の子どもたちが他者に投げつける乱暴で攻撃的なことばは、子どもたちの心の叫びとして受け止めていかなければならないのだが、その子どものことばには「感情の未分化」という発達課題が提示されているというのである。

日本作文の会「〇三・〇四年活動方針」では、人と人との響き合う関係を育てる上で、「子どもたちの書きことばによる表現のなかで叫びやつぶやきなど内なる感情が思わずあらわれた表出物」を大切に読みとり、子どもたちのあるがままの感情の率直な表現を大切」（『作文と教育』二〇〇四年三月号、七七頁）にしていくと述べている。この感情のあるがままの表出的表現が、一つひとつの感情にことばを結びつけていくと考えてきたのである。今日の子どもの感情の抑圧を解き放つためには、その抑圧的なシステム関係を組みかえていく努力をしながら、あるがままの感情の受容と共同化が必要である。そのプロセスで、あるがままの感情にことばを与えていく言語化をていねいに進めていくことが求められているのだろう。

次に紹介するのは、現代の高校生のつぶやきと叫びである。都立江北高校定時制国語科の生徒の文集『江北文集』（二〇〇五年）に載っていたものから一部を選んだものである。

学校　　　　　　　　　　N・K（2A）

学校わあ、すごお〜〜〜〜くつまんない〜〜〜

しょうらいのおれ　　　　　　Y・1（2A）

んーたぶんしょうらいは、ふつうに生活しています。

最近　　　　　　　　　　　　　　　Ｏ・Ｍ（３Ｃ）
最近、体がやけに疲れる。

日常　　　　　　　　　　　　　　　Ｗ・Ｕ（３Ｂ）
この何もない日常がつまらない。だれか僕をすくってくれ。

えらこきゅう　　　　　　　　　　　Ｋ・Ｓ（２Ａ）
えらこきゅうは難しいです。でもともだちはえらこきゅうしている人が好きです。変なやつです。

心　　　　　　　　　　　　　　　　Ｍ・Ｋ（４Ｃ）
心よ、では、いっておいで。

ここには、現代の高校生たちの日常のある本音の一面があらわれている。それは、成績がよかろうがあまりふるわなかろうが、自分自身が他律的存在であることの居心地の悪さではなかろうか。その矛盾に早く気づく子と気づかずに走りつづける子たちがいる。前者は逸脱者と見られ、後者は「普通の子」とみなされている。問題はそう単純ではないが。

「しょうらいは、ふつうに生活していますす」という表現には、今は「違うけど」といいながら、これからへの秘かな決意がこめられている。「今の所持金は一二〇円」、「将来は大金持ちになりたい」と書いた生徒もいた、これも本音だろう。「体がやけに疲れる」という実感は、バイトなどによる物理的な疲れだけではないだろう。えらこきゅうとは、どんな感じなのか、私にはよく実感できない。通常の生活では息苦しい感じなのか、それとも学校のなかでみんなと一緒に生活しにくい感じなのだろうか。「学校わあ、すごぉ〜〜〜〜〜くつまんない〜〜〜」「この何もない日常がつまらない。だれか僕をすくってくれ」というつぶやきと叫びにこめられた実感のリアリティーにこたえることばを探そうとするが、出て来ることばはどれも彼らを納得させられそうもない。そんななか、「心よ、では、いっておいで」は、誰が誰に言っているのかさだかではないが、自分に優しく言い聞かせているようで、妙に納得させてくれる。

筆者が、教育実践において、とりわけ、生活綴方実践において、感情の共感的受容の意味を意識的に提起しはじめたのは八〇年代後半からである。『子どもの心の叫びを聞け』（学陽書房、一九九四年）のなかで、「閉じられた感情を受容する」ということを次のように述べている。

「子どもの人間的感覚の希薄さ・ゆがみの今日的特徴のひとつは、彼らの感情が小さい時から幾重にも閉じられた状態に追い込まれ、その閉じられたままの状態に適応してしまっていることにある。この閉じられた感情にもう一度生気をよみがえらせるためには、閉じられた感情から引き起こされるさまざまな言動・行為 — それがたとえ退行的否定的に見えたとしても — をまるごと受けとめる長期の働きかけが必要である。受容することから彼ら自身が閉じられた殻を破って感情を現してくることを待たなければならないだろう」（拙書『子どもの心の叫びを聞け』学陽書房、一九三頁）

そして、子どもの閉じられた感情が溶け出し、表されてくるためには、「子どもにとってかけねなしに解放された心地よい感覚を味わうことのできる〈時空〉をつくってやることが必要なのではないか」（同、二一四頁）と提起していた。こうした考えにたって、子どもたちの生活表現にかかわっても、次のようにも述べている。

「子どもたちは、心地よさの感覚が体の波動をよびおこし、その心地よさの波動がことばのリズムを生みだしていく体験（場面）をもっている。この子どもたちの生活のなかで心地よく感じたことを受けとめてあげたいものである。そして、感じたままに伝えたいという子どもの意欲、それをみんなで受けとめ、自分たちも心地よくなることのできる共感する力を育てたいものである。その心地よさのねうちを発見できるようになることが心地よさ感覚を育んでいく」（同、一二七頁）

たとえば、次のような作品は、子どもの心地よさ感覚がそのまま表現されたものであろう。

泣いた

北海道小学　一年　かなはま　よしき

きょう　学校で　ないた。
もうすこしで
あおいくんが
たいいんしてくるから
なんか　うれしくなって

泣いてしまった。

（北海道作文の会編『北海道の子ども　二〇〇四年』）

当時、共感的受容という実践的視点は、指導をしないことなのかという疑問や文科省の提唱する「新学力観」ではないかという批判を受けたが、今日、子どものあるがままを受け止めることが、実は、子どもへの最大の励まし（指導）になるということを疑う人は少なくなっている。

## 2　教育における臨床的視点と生活綴方の接点

生活綴方における共感的受容という実践的視点は、今日の子どもを見るときの臨床的視点に通じる。これまでの多くの生活綴方実践には、今日の臨床教育学や臨床心理学の理論的枠組みでは整理されてこなかったが、先駆的な問題提起が展開されてきたといえる。今日、生活綴方実践と臨床教育学・心理学との接点を意識的に深めていくことが求められている。

横湯園子氏は、『教育臨床心理学』（東大出版会、二〇〇二年）のなかで、子どもの声が「聴きとられること、語るということ」の意味を提起している。ここでくわしく紹介できないが「聴きとられること、語るということ」の基本は、生活綴方実践における子どもの表現をどう引き出し、どう読むのかの基本にも重なる。

横湯氏は、学生の声ボランティアの取り組みから次のような学生体験を語っている。

「学生たちは学校生活の内容に関する子どもたちの忿懣《ふんまん》や抑えこんできた心の傷の吐露《とろ》に接することによって、かつての自分が思い起こされ、実は自分もこのように語りたかったのだ、聴いてほしかったのだと改めて実感していく。また、聴きとりへの準備やまとめる作業を通して、自分が生きてきた『現実』や今在る自分に対する認識にも変化が生じていったのである。

声ボランティアの活動を経験することによって、培ってきた価値観がゆさぶられる。知らない間にかぶってしまっていたとらわれや『常識』、それらを一度ゼロに戻して、そこから子どもたちの声を読みとる。ゼロにすることによって聴こえ見えてくる子どもの現実と真理。聴こえてくる自身の内奥の声をくぐらせて重ね、声ボランティア仲間と議論する。世話役もいささかの役割を果たす。ここでも、異年齢の共同のよさがにじむ」（前掲『教育臨床心理学』同、一七九頁）

この学生の体験のなかに「子どもの声を聴きとる」ことの本質的問題が語られているのだ、「聴きとられ語られることによって、語る自分が認められていく。このような体験と人間関係の実感が自己への信頼感を高め、自分も変わり得る存在なのだという希望を抱かせる」（前掲『教育臨床心理学』、一八二頁）

この「子どもの声を聴きとる」ことの基本は、生活綴方実践において、何でも話せる関係をつくりながら、表現を引き出し、その表現をひとまずは丸ごと受け止めて読んでいくことに重なる。

生活綴方実践では、子どもと何でも言い合える関係をていねいに作りながら、子どもの語りたかった楽しかったり悲しかったりした生活の事実を書き綴り、その表現のなかのどんなつぶやきや叫びにもていねいに耳を傾けて赤ペンを返していこうとする。そのなかで子どもとの信頼関係が生まれていく（関係性の組みかえ）。そこから子どもたちのより深い表現が生まれてくる。そして、その生活表現をクラスの仲間と一緒に読み合うことで教師＝子ども関係のなかで生まれた信頼関係がクラスの子ども＝子ども関係にも広がっていく（共同化）。生活綴方において、教師＝子ども関係が最初にくることに批判が向けられたこともあったが、臨床的な視点から言えば、子どもの抱えているこころの重荷を受け止めてあげるために教師＝子ども関係が最初にくることは不自然ではない。

さらに、横湯氏は、聴きとる側が「語ること語らないことを信じる。自分の考えを極力抑えて『わかりたい』と願い、深いところで共感をもってそれを受けとめる。難しいことではあるが、基本の姿勢である」『教育臨床心理学』、一八四頁）と語っている。

このことは生活綴方実践においては、子どもの「あるがまま」を受け止めていくことにつながる、子どもが書いてくるものに教師は子どもがまだ書ききれない部分を読みとることは少なくない。その書ききれない部分を子どもの書ききれない内面の現実として受け止めていくのである。

また、子どもは、事実と違うことも書いてくる。昨日家族で焼き肉を食べに行ったとか、夏休みに家族で海外旅行に行ったとか、事実と違うことを書いてきた日記を見せてもらったことがある。その事実と違うことを書くことには、その子どもなりの事情があるのであり、したがって、その表現をも子どもの内的現実として読んでいく。最近では、「死ね」と書かれた紙が机や鞄に入っていたと言って持ってくる子がいたが、調べていくとその持ってきた子ども自身が書いたものであった事例が小学校低学年から高学年にわたりいくつか報告されている。これもその子どものせっぱ詰まった叫びである。自分の方を向いて欲しい、自分を抱きとめてほしいというサインの表れである。

生活綴方では、事実と違うことを書いたことからもその子どもが表しているものを読みとろうとするのである。その際に、教師の先入観や断定を押さえて読んでいくこともまた、生活綴方実践のなかでは大切にしてきた。この子どもの表現の読みとりは、教師に対して「自分の考えを極力抑えて『わかりたい』」という姿勢を要求する。こうした生活綴方の指導観は、教師の思いを先行させて、教師にとって「のぞましい正しい」あり方を赤ペンで指示したり、教師が書いてもらいたい作品を追求し、教師が指示を出して書き直させたりする綴方の指導とは異質のものである。

こうした生活綴方において積み重ねられてきた実践的視点は、逆に、臨床の場面で子どもの声を聴きとるという場合に、聴きとろうとする大人の意図やテーマを子どもの方が先読みして期待していることばを発して、聴きとっている方を「喜ばせてくれる」ことになるうさんくさい聴きとりになることへの戒めにもなる。横湯氏の紹介している「声ボランティア」による「聴きとり」の実践例では、不登校や内申書などテーマ性の強い聴きとりも紹介されているが、そこには、聴き手の隠れた意図への迎合的な答えを聞いて、聴き手が意味ありげに引き取ってしまう臭味や危険性があるように思える（前掲書、一八〇〜一八一頁参照）。横湯氏によって語られている「子どもの声を聴きとる」理念と実際に行われている学生による「聴きとり」との矛盾が見えている。そして、聴き手はそのズレに気づいていないのではないかと思われるのである。そのズレは、「聴きとる」という活動が最初にあって、その対象として子どもたちの話が組織されていることに起因しているようにも思える。そこには子どもの表現の自発性がどこまで保証されているのかが問われているのである。

生活綴方でも同じような問題をかかえている。課題になっているのは、子どもの表現の自発性をなによりも大切にし、子どもの抱えている問題を大人が語らせるのではなく、子ども自身が語りはじめることをじっくり待って、その表現を「みとめることが励ますこと」の視点を実践的に深めていくことだろう。

## 3　情動的表出の抑制機能

ところで、今日、感情のあるがままの表出的表現がそのまま他者攻撃に向かい、「消してやる」ということばがそのまま殺害につながってしまっているとすれば、問題は受容的共感にのみ頼って安心できない。先に紹介した「感情の未分化」とはどのような状態をさすのだろうか。「ムカツク」が「悔しい」「悲しい」「わかって欲しい」などに未分化であるというレベルの問題なのだろうか。問題はもう少し複雑ではないだろうか。ひとつの仮説的な考え方として、情動的表出が感情のコントロールを失って暴発していることが考えられる。これまで一般に「感情」ととらえてきたものを、情動と感情とに区分けしてとらえ、その内的関連と構造をとらえていく必要があるだろう。

近年、子ども把握と教育実践における情動と感情研究の重要性を提起した坂元忠芳氏は、情動と感情との関係を次のように言う。

「感情は感覚とかならずしも無関係ではないが、同時に、外界の事物と直接関係していない感覚の側面を指している。その意味で、感情は情動や情緒と同じ性格を持っている。しかし、感情は、とりわけ、情動が知的なものや道徳的なものと結びついた状態をさしている」（『情動と感情の教育学』大月書

店、二〇〇〇年、七六頁）

さらに、坂元氏は、感情と情動の質的相違を指摘しながら、感情を「情動が表象やイメージなど知的なもの、さらにある場合には道徳的なもの、と結合している心的状態」（同、七八頁）としてとらえている。

ワロンは、快感、喜び、怒り、苦悶などを情動としてとらえ、情動を人間の内的活動として展開している。そして、情動は、一面では、次のような特徴を持っているという。

「（情動は ― 筆者）まだ言語からはほど遠いものです。情動が働くときには個人はすっかりそれに巻きこまれ、情動になじまない意識や思考は追いはらわれてしまいます。（略）情動は自分のなかにとり込めないものを徐々に排除していき、最後に絶頂に達したときにはもはや臓器的興奮しかない状態にまでおちいるのです」（ワロン「身体・自我・社会」ミネルヴァ書房、一七九～一八〇頁）

情動は、その刺激と興奮によっては理性的な意識や思考を停止させ、予想もつかない行為に導く場合が考えられるのである。これを情動的表出といえる。

他方、情動は、もう一つの特徴を持っている。

「（情動は）個々人の態度や意識を統一させる能力を持っていて、個々人の知的な交流もそこから生まれるものなのですが、そののち情動はかつてそれ自身が可能にした当のものと矛盾・葛藤することになります。情動表出は、知性の統制力によって、あるいは単に知的活動を行うだけで妨げられ抑えられますし、逆に情動表出が生じれば必らず知的機能は変化してしまいます」（同、一八〇～一八一頁）

この「個々人の態度や意識を統一させる能力」あるいは「知性の統制力」としての情動が情動的表出

の抑制機能を持っている側面に注目していく必要があろう。

今日の問題は、情動の二つの機能のうち、今日の子どもにとって抑制作用が十分に機能しないことに問題があり、それは、情動の知的心的発達との調整が崩れているために起きていると考えてみたい。そこから今日の子どもの突発的衝動的な行為は、情動的表出が感情によって統制されないために起きていると考えられるのである、

ワロンは、情動の一方的表出を「言語からはほど遠いもの」と性格づけていることに注目しておきたい、それは、逆説的だが、情動がことばと結びつく可能性を示唆しているのである。その点では、今後、情動と感情の構造的発達におけることばと表現の役割を明らかにしていくことが課題になっている。

## 4　内言化をうながし、表現を豊かにする新たな指導論の構築

ことばは、他者へのコミュニケーションとして生まれ、次第に生活体験が集積されて形成されてくる、生活概念として獲得されると同時に、文化や科学の系統的学習によって獲得される概念の相互交流によって発達していく。したがって、ことばは、他者とのコミュニケーション能力においても、対象の認識機能においても、思考機能においても、また、意味化（個性化）機能においてもきわめて基底的な意味を持っていると考えられる。

同時に、ことばは、人間の情動に知的な意味を付加することによって感情形成に基底的位置をしめて

いる、それは、人間の人格形成にとって重要であるばかりでなく、読み書き能力の獲得においても興味や関心を喚起し、意欲を支える。そして、ことばの意味化機能を進めると考えられる。

ことばの諸機能は、話しことばや書きことばによって外化される（表現される）ことによってその機能を果たすことができ、その外化（表現）と相互に関係しながら内言化がすすむ。表現は、ことばを外化することで他者とのコミュニケーション（伝達と共感）を可能にし、表現しながら対象を認知すると同時に、一人ひとりが認知した外界を意味化する。表現は、話しことばであれ、書き言葉であれ、他者に伝達するコミュニケーション的機能を持っていると述べたが、表現によるコミュニケーションは、ことばのコミュニケーション的機能を形成する双方向的意味を持っている。

このように「ことば・表現・コミュニケーション」は、個々バラバラのものではなくて、相互に関連した一体の連合体をなしていると考えられる。

図にすることは困難だが、私見では、三角形の下の土台層に、人間的自然（生物として生きている存在・文化としての身体）があり、その上に人間の対象的生活を含む社会文化活動を総体として形成・支える「ことば・表現・コミュニケーション」の層があり、その上に人間の精神的世界や教科学習がのっかるという構造を考えることができるのではないか。ところが、今日の学校教育では、学習内容が教科主義的に構成されており、「ことば・表現・コミュニケーション」は主に国語科の目標とされるが、現在の国語科では十分に行えない。合科的領域である「総合的な学習の時間」も課題学習的側面が強調され、読み書き能力の基底的「ことば・表現・コミュニケーション」をトータルに育てることにはなり得ていない。

ヴィゴツキーの重要な貢献の一つは内言論である。ピアジェの自己中心的言語の消滅は、実は地下に潜って内言化するという「外言から内言への移行」学説は、その後の言語理論に大きな影響を与えている。その内言化による意味化機能と認識・思考機能の特殊性の発達についてはきわめて興味深い。

日本の国語教科書は、このことばの発達的特徴に十分意図したものになっていない。コミュニケーションを情報伝達するだけの形式的「伝達関係」にとどめ、コミュニケーションを人間の生活的文脈から切り離したことばの教育に走っている。だから、文学教材も深く読み込む必要はないという結論に至っている。

概念としてのことばの発達は、学校教育においては記号化され、ことばとことばの関連の習熟（抽象的推論形式の習熟）が主なものとなっている。

「科学的、学術的概念については、言語以外の現実とは無関係に、単語やその他の言語単位が互いにどう関連するかに焦点があてられる。それに対して生活的概念については、単語単位と具体的な言語以外の経験との関係が焦点化されるのである」「科学的概念に関連する記号的行為は、（略）脱文脈化したものになる」（ワーチ『心の声』福村出版、五九頁）

「書きことばによる生活表現」は、どのような意味でことばを豊かにしていくのだろうか。内言が表現を通して外言化（書きことば）するのだが、そのプロセスをよく考えてみると生活的・コミュニケーション体験が一度内言化するプロセスを含んでいる。書きことばによる表現は、その内化と外化との連続的相互展開を起動させながら発達していくのである。

これまでの表現指導（技術）は、内言（内側に感動したものがあって、それを前提に）を外言化するための指導論に力を注いでいたが、内言化をどう豊かにするかという指導については意識的でなかったのではないか。その結果、生活的・コミュニケーション的体験のなかで「心に強く感じたことを書いてみよう」という形で表現を引き出そうとしてきた。しかし、対象である生活的・コミュニケーション的体験を内言化する指導を自然的プロセスにゆだねているために、体験のなかで強く印象に残っていたはずの感動がことば化されずに、したがって表現に結びつかないことが多くなっているのではないだろうか。体験の内言化過程が貧しくなっているのだ。一年目の子どもたちは、体験の事実を書き写していく表現はできるが、体験した事実から意味化につながる内言化のプロセスが弱くなっていると考えられる。

視点を変えれば、表現をうながす場合に、体験の内化をうながしたり、意味化をうながしたりする指導をどう豊かにしていくかが実践的に検討される必要があるのではないか。行為や行動を励ましたり、書かれている生活に共感する赤ペンと内化や意味化をうながす赤ペンとはどう違うのだろうか。それとも同じでいいのだろうか。それは意識化できるのだろうか。このことは、同時に作品読みの方法にも言えることではないか。

内化をうながすはたらきかけとは、どのようなものであろうか。

ワロンは、情動の知的・心的側面の発達には、言語や観念や技能のはたらきによる表象（知覚に基づいて意識に現れる外的対象の像）の形成プロセスがきわめて重要であるとする。

「表象の形成にはとりわけ、一定の文明状態やとくに言語などの観念や技能が働いています。（略）たとえば、子どもが物を知覚するばあいでも、その物がもたらす刺激の質だけでなく子どものその時の欲求や状態に応じて、子どものなかにある姿勢（態度）が惹起されるのであって、子どもの物の知覚は、最初まずこうした姿勢（態度）によっているのだといえなくはありません。つまり、子どもは、自分自身の姿勢（態度）をとおして外の現実を意識するのです」（ワロン『身体・自我・社会』ミネルヴァ書房、一七一頁）

ある対象の知覚や認知は、その対象からの刺激だけではなく、主体（子ども）の姿勢（態度）によって引き起こされ、それが知覚されたり認識された対象を意識化するというのである。子どもの物や事に対する内的な姿勢（態度）の役割の重要な意味を指摘している。この姿勢（態度）を引き起こすのが情動でもあるのだ。

この指摘は、話が転じるが、北方性生活綴方の実践が探求していた理論と深くつながっている。村山俊太郎は、論文「読み方教育の北方的実践」（一九三五年）において提起した読み方の原理は次のようなものであった。

文を読むということは、文の事象（内容）を客観的に理解するだけでなく、個人の生活体験に依拠した生活観が文の事象とぶつかり合うことによって、個のなかを屈折しながら通過することによって、理解を深いものにしていくというのである。その個人の体験に依拠した生活観を何よりも大切にしながら、「北方の生活台に必然化された知性、意欲、情調などを統一した北方人がもつ生活観」（『村山俊太郎　生活綴方と教師の仕事』桐書房、二〇〇四年、二六二頁）へと高めていくことに読み方教育の目的を見出していた。

村山俊太郎は、続けて「教材の素材的要素に対しても、表現的要素に対してもこうした生活性の態度に於いて読みの心構え」（同前、二六三頁）を育てることを実践の課題として提起していたのであった。

　ここで村山俊太郎が生活観、あるいは「生活性の態度」、後には「生活実感」ということばで言い表そうとしていることは、ワロンの言うところの「姿勢（態度）」に共通するものであると読むことができるのである。だとすれば、この生活実感を育てることが情動の知的・心的発達をうながすことになるのではないかという実践的仮説をたてることができるのではないだろうか。その課題は今後の重要な研究課題になるだろう。

　こうした視点から、生活綴方実践がこれまで大事にしてきた「事実をありのままに見てくわしく書く」こと、その指導の一形態としての描写指導をもう一度見直し、発展させていくことが必要ではないか。また、作品の構想指導を「はじめ・なか・おわり」という形式的なとらえ方ではなく、「対象に対する構成的なとらえ方を深めていく指導」として発展させていくことが求められているのではないだろうか。「ことば・表現・コミュニケーション」という課題意識を原理的に学び、そこから子どもの表現活動の発達論を明らかにしながら、生活綴方実践論の新たな展開を提案していきたい。

（二〇〇七年）

# 終章　若い教師たちへ　―生活綴方のすすめ―

生活綴方に関心があり、これから生活綴方実践に取り組んでみたいと考えている若い教師に「どんなことから始めていけばいいのか」。私の経験から三点ほどのべてみたい。

その一つは、子どもの作品をたくさん読むことである。先輩の文集を読むこと、各地で発行されている作品集、あるいは、市販されている作品集をたくさん読むことをすすめたい。そこから教室の子どもたちに読んであげたい作品を集めるのもいいかもしれない。しかし、作品集に選ばれている作品は、教室で日々生まれる作品とは質的に異なる部分がある。その意味では、先輩や同僚の文集や学級通信を手にして、そのなかに紹介されている作品を読むことが、作品読みの学習にはとても大切であると思う。

そこには、文集や通信をつくった教師の作品読みを学ぶことができる。文集や通信には、作品集などには入らないクラスの子どもたちの作品をたくさん読むことができる。その作品を通して子どもたちの生活もいっしょに読むことができる。ひとりの子どもの作品を、時系列にならべて、そこに変化を読みとっていくことも楽しい学習である。文集や通信をつくっている教師の作品読みとはちがう自分なりの読み方も大切にしていきたいものだ。作品読みには、ひとつの正解はない。いろんな読み方があって、その読み方を交流することが大切な学習になる。

私は、大学院時代に相模原市で生まれた綴方サークルに参加していた。若い教師たちのあつまりだった。生活綴方を学んできた経験のある人は誰もいなかった（私も三〇代前半であった）。その若い教師たちから私は「サークルでどんな学習をしたいか」とたずねられたことがあった。私は、サークルで読む作品は、日記であれ、作文であれ、詩であれ、クラス全員の作品を全部読んで欲しいと答えたと記憶している。それから、そのサークルでは、しばらくクラスの子どもたち全員の作品をコメントなしで読むスタイルが取り入れられた。読み終わると、参加者がそれぞれ気になった作品をあげて、質問したり、感想を言ったりした。その討論では、報告者が予想しなかった質問やコメントが飛び出し、討論は活気にあふれた。私は、毎月、サークルが終わってから、自分で気になった作品になぜ気になったかを書き、報告者や参加者の発言を組み入れて、討論のまとめを書いた。このクラス全員の作品をコメントなしに読むという報告スタイルは、私の作品読みの力を耕してくれた。

報告者が、幾つかの作品を選んできて、それを核にして報告をすることも大切である。しかし、そこには、担任教師の課題意識に学ぶことは出来るが、一人一人の参加者が、担任教師とは別の視点で作品のなかに子どもを発見する力やその子どもの抱えている課題などを発見する力は耕されないのではないか。

二つ目にすすめたいのは、あたりまえのことであるが、教室での作文や詩の授業を数多く体験することである。自分でも時間を見つけ出して積極的に作文や詩の授業を試みて欲しい。機会があれば他者のおこなう研究授業も参観して欲しいことである。

私は、「どんな授業をみたいですか」と聞かれたら、必ず「子どもが作品を書く授業」がいいですと答えることにしている。一人一人の子どもが作品を生みだす瞬間に立ち会える感動を味わいたいからである。それは、運動会を見に行ったら、子どもたちが走る場面を見たいというのと同じ感覚である。作文や詩（綴方）の研究授業といえば、多くの場合、作品読みの授業である。これはこれで大切であるが、作品読みの授業は、教師が選んだ作品をもとに、教師の指導案に従ってすすめられ、教師のねらった発言を引き出して終わることが多い。無難な授業である。ところが、クラスの子どもの作品から子どもたちに授業で読みたい作品を選ばせたら、その作品は教師の選んだ作品と同じになるだろうか。

私は、青森の津田八洲男の授業を何度か見せてもらったことがある。その多くは、私からお願いして実際に作品を書く授業であった。書く授業には、導入部分がある。その日までに何を書くかを考えてくる指導がなされていて、授業のはじめにその報告を何人かから発言してもらい、ポイントになる指導がある。「どこを中心に書くのかな」とか、「書き出しはどこから入るのか」とかなどである。そして、すぐに書く活動に入る。一五分から三〇分くらいかけて書いていく。この表現活動の時間帯がもっとも興味深い。鉛筆の音しか聞こえない静けさがあったり、ざわつきが起きたり、天井をじっとみつめて書くことを中断している子どももいれば、せっかく書いた部分を全部消してまた書き始めている子どももいる。作品が生みだされている瞬間なのだ。

「書く授業」には、もうひとつ欠かせないプロセスがある。それは、授業が終わってから、その日に生まれた全員の作品を印刷して配ってもらい、全体の授業が終わってから、授業をした教師にも入っていただいて研究会を持つことである。作品をもらった私たちは、授業中に天井を見つめて動かなかった子は、どんな作品をかいたのだろうか、消しゴムで消していた子どもは、あのあとどんなものをかいたのだろうか、読んでいく。参加者たちには、今生まれたばかりの作品を授業者を交えて一緒に読むことでしか見えてこない作品世界を体験することになる。ここに作品の生みだす授業のもうひとつのおもしろさがある。

津田に、生活綴方の授業観を聞いてみたことがある。津田は、次のように語ってくれた。

「生活綴方の授業は、子どもたちと日々生活を共に送っている担任や専科（教科）の教師が行うところに大切な意味があると思います。子どもを丸ごととらえることが大切だからです。

私の学級に授業を見に来ることは、私や学校の都合が許す範囲で、お見せすることができます。しかし、別の学校や教室でまったく知らない子どもたちに、あるいは、ちょっとだけ知っている子どもたちに授業をお願いされたら、本当の意味での『作文や詩の授業』ができないと思っています。なぜなら、担任していない子どもの教室では、その日に書かれた作品に表現されたAさんの思いやBさんの気持ちの背景にある生活をわかってあげられないことがあるからです。

子どもの生活を知らない教室では、授業の進め方、表現の受け止め方など表面的な『授業のやり方』をみせるものになりかねません。真剣に書いたり読み合ったりする子どもたちに申し訳ないと思うのです。初対面の子どもや、一、二度あった子どもたちが、本当に言いたいことやどんな生活がそう書かせたり言わせたりしているのか、私には読みとったり、発言や表現から汲み取る力がないからです。」

私は、それを聞いてなるほどと思った。そこには子どもたちの生活表現に向き合う誠実な教師の姿勢がにじみ出ている。子どもが真剣に書いたものを読めなかったら「子どもたちに申し訳ない」「汲み取る力がない」という津田の言い方は、一見、謙虚に言っているだけのように聞こえる。しかし、そこには各地でおこなわれているゲスト教師が教室を借りておこなう授業は、「表面的な『やり方』を見せるだけの」ものになってはいないかという警告が含まれている。

ゲスト教師による授業を全面的に否定するつもりはない。今日の学校で生活綴方的な授業が忘れ去られているときに、ゲストによる授業は一定の意味を持っている。しかし、その授業を見た多くの先生たちがゲストの先生の授業の形式的側面だけを見てしまわないともかぎらない。ゲストの教師も参観者も子どもたちの表現の底にある生活の意味的世界をどれほど読み取れるのかという重い課題が残されるのだ。担任でも子どもの内面の本心が読み切れないといわれる今日、私なら読み取れると言い切れるほど子どもは甘くないのではないだろうか。

津田の授業観は、「子どもの作品を読むということは、その子をよく知り、あるいは知ろうとしている指導者でなければできないのではないかとさえ思えてくる」という実践思想につながってくる。それは生活綴方実践のひとつの最も大切な教師の姿勢を示しているように思えた。その意味で生活綴方の授業は上手とか下手とか問題ではないのだ。

そういえば津田八洲男の授業は決して上手というものではなかった。教師の世界でのいわゆる授業の上手・下手論からいえば、下手な授業と言われただろう。何の飾りもなく、参観者に見せるための気の利いた授業技術もほとんどなかった。私たちが参観に行った日でも、いつも一見ぶっきらぼうな授業だった。しかし、その授業から生まれた作品には、涙とユーモアがあった。子どもたちとのウソのない生活表現を共有する安心できる共感が広がっていた。

参加者たちは、作品読みに組み込まれている子どもの思いを読みとる教師の子どもの捉え方の深さに驚きながら感動を持ち帰ることができた。生活綴方実践における教師と子どもたちの真剣勝負の場面に出会えたことをもちかえることができた。

三つ目は、仲間といっしょに学ぶ機会をつくることである。日本の学校では、近年、作文や詩を書くこと自体が軽視されているばかりでなく、学力向上にはあまり意味のないこととみなされている場合が少なくない。夏休みにも、日記は、一～三枚の用紙が配られ、すまされていることも普通になってしまっている。学級通信は、単なる連絡だけになり、子どもの作品をのせることも制限されてしまっている。若い教師が職場に行って、日記指導や作文の授業を行うこと自体が難しくなっているのだ。職場の多忙化が、日記や作文や詩の指導に時間をかけることが難しくなっている。そうしたことが教室から子どもたちの表現物がなくなり、子どもの生きた姿が家庭にも届けられなくなっている。

そんな時代だから、子どもたちの作品を通して生活を読み合い、共感をひろげていって欲しいものだ。ひとりではできないが、近くには、子どもの作品を読むのが大好きな人たちが必ずいる。サークルも少なくなったが見つかるだろう。夏休みには、各種の全国研究集会がひらかれている。そうした学ぶ仲間を見つけてほしい。

生活綴方実践は、作品読みに始まり作品読みに終わるといっても過言ではない。

子どもの作品を読むことには、担任にしかわからない真実と喜びがある。そして、子どもの表現にはそこに書かれている事実のなかにその子どもの全生活をかけた固有の意味が込められている。子どもの作品にはその教師や親や親しい友人にしかわからない世界が組み込まれているのだ。そこに子どもの作品に込めた生活世界が開かれている。教師は、作品を読みながらその子どもの全生活を重ね子どもの意味的世界をも読んでいくのだ。

津田八洲男は、論文「生き方をつかむ綴方」（村山士郎編『生活綴方実践の創造』、民衆社、一九八一年）において、「子どもの作品は、子どもそのものである」とのべ、作品の読み方について次のように述べている。

「子どもの作品を読むときは、子どもそのものに思いをめぐらしている。だから、本当の意味で、子どもの作品を読むということは、その子をよく知り、あるいは知ろうとしている指導者でなければできないのではないかとさえ思えてくる。（略）学級の子どもであれば、その子どもの発達や指導の段階の中で作品を読むことができるが、そうでない場合は、かなり困難が伴うし、指導者の意に反した読み方をしたりすることがある。それは、その子どもの置かれた地域の現実や生活状態を明確に把握できないためである。子どもそのものをとらえることができないからである。」（一〇三頁）

津田が「子どもの作品は子どもそのものである」という場合、生活綴方実践における子どもの作品に書き取られた事実の奥にその子の生活の意味的世界が隠されており、その重さを指摘しているのだ。つまり、子どもの生きている地域の現実やその子の置かれている生活状況を知らないでは、子どもの作品を本当には読めないという厳しさを語っているのである。子どもたちの書いてくる日記であれ、作文であれ、詩であれ、それがどんなにつたなくても、担任教師にしかわからないものを含んでおり、だから担任教師にしか書いてこない内容が含まれているのである。その輪が教室全体に、あるいは父母・家庭に広がっていけば、教室は、子どもにとって安心と信頼の場になっていくだろう。そこに教師のよろこびが広がっていくことを期待したい。

# 第四巻解題

## Ⅰ　生活綴方実践は、今、何を深めるべきか

初出、村山士郎編著『生活綴方実践の創造』（民衆社、一九八一年）。本論文は、『生活綴方実践の創造』の終章として書かれたものである。論文は、発表時より編集の都合で八頁ほど削除してある。

『生活綴方実践の創造』は、私の生活綴方実践研究の出発点になった本である。編集は、黒藪次男、橋本誠一、津田八洲男らと相談してすすめ、執筆を呼びかけ参加していただいのは、前記三名のほか、佐古田好一、岡本博文、広田早紀、中村隆の七名である。

私は、当時の生活綴方実践へのスタンスをあとがきに次のように記している。

「私にとって生活綴方は、読書の対象ではあったが、研究の対象とは考えていなかった。にもかかわらず、一冊の綴方の本の編者になったのは、黒藪次男氏と青森の橋本、津田両氏の実践との出会いであった。三氏の実践記録を読み、初めてお会いしてみると生活綴方観や今日の課題の把握、共に共感できた。（略）一九八一年一月に東京で黒藪、津田両氏の出席した編集研究会、二月に青森の津田宅での橋本氏をまじえた話し合いは、私にとって決定的な意味をもった。三氏との交流は、生活綴方のみなもとにふれるおもいであった。」

三氏との出会いが、生活綴方を研究の対象にしていくことを決意させ、三氏の強いすすめで日本作文の会の常任委員になる選択をした。ついでに記しておくが、日本作文の会の常任委員への推薦は、当時、常任委員会から行われるのが常であったが、私の場合は、橋本氏と黒藪氏の推薦と全国の多くの実践者の後押しによるものであった。しかも、一部の常任委員の強い反対があってのことだった。

さて、論文は、若々しい情熱はあふれているが、論点が充分に深められたものとはいえない。ただ、山形

の詩人であり、教育研究者でもあった真壁仁の「地域とことば」論を学び、当時の高度成長期の地域を「ことばの中にムラを失う」ととらえた真壁の思想を子どもの問題として引き取ろうとしている点は興味深い。そして、「生きる力」論においては、「生きる力」を子どもの内的動機論にとどめず、その源を地域や農業の見通しを開拓していく民衆の「生きる力」に求めている。そして、「生活や地域の展望を切り開く民衆の苦悶の実践が教育にとっての、したがって子どもの生き方にとっての、見通しやねうちを創造するのであり、そのにない手を形成するという実践構造を生き方の発達論のなかでどう展開するか」を課題としている。

## II　子どもが生活現実を見つめるということ
### ― 鈴木久夫『京子よ泣くな』を読む ―

初出、雑誌『教育実践』一九八二年秋号（三六号）。
『現代の教育実践と教師』（民衆社、一九八三年）に収録。

論文の中でも述べてあるように、鈴木久夫『京子よ泣くな』は、私の教育研究にとって大きな意味を持った実践記録であった。

高校を出た後、モスクワに留学していた一九六六年、夏休みにかえって、作品「妹よ」と出合ったことが、歴史や政治への関心から教育へ転換するきっかけになった。修士論文でも、笹井京子の「出稼ぎはどうすればなくなるのでしょうか」という問いかけを、「一少女の提起している問いを、地域や農業への見通しをも展望する力と方向を背景とした教育創造を理論と実践の課題とする」として受け止めようとした。

そこには、日本作文の会がその時期に推奨していた「文章表現の系統指導」というような発想はみじんもない。出稼ぎ地帯で生きる子どもたちの生活とがっぷり四つに組んだ実践が展開されていた。

論文は、実践記録を本だけで理解するのではなく、実践者とその教え子に直接会ってその実践の実相に触れたいという調査的な手法を取り入れて書かれている。鈴木先生と京子さん二人で会いに来てくれて、思い出の中学校を訪問し、京子さんの実家にも案内していただき、当時の生活を話した二日間のことは今でも記憶に鮮明である。京子さんは、学校事務職員として働き、三人の母親になっていた。

残念なことに、京子さんは一九九一年乳がんでなくなっている。三九才の若さであった。鈴木久夫先生が編集した小さな追悼の本『笑顔のままで』（一九九二年）には、笹井京子が書き残した多くの作品と共に、友人たちの追悼文が寄せられている。

## III　まっすぐな心、伝われ愛
### ―津田八洲男の綴方文集に学ぶ―

初出、『津田八洲男つづり方文集（全一三巻）』（駒草出版、一九八九年）。

津田八洲男の実践記録『かもめ島の子ら』（民衆社、一九七九年）『五組の旗』（駒草出版、一九八四年）『続・5組の旗』（駒草出版、一九八六年）などが多くの読者に受け入れられ、そのもとになった津田の文集を読みたいという要望があった。ちょうど、一年生から六年生まで各学年二冊の文集がそろい、その復刻をおこなった。その解説として書かれたのがこの論文である。

論文は、津田の生活綴方の特徴を三つあげている。第一は、子どもたちの生活と正面から向きあい、共によろこび、共に悲しみ、共に生きていくことを追求するために、真実の生活表現をこそ大切にしていること。第三は、当時の日本作文の会の文章表現指導観に批判的な指導観にたち、自ら「どろくさいくそリアリズム」を貫いたことである。私の生活綴方実践論に津田実践が与えた影響は大きい。別に一冊書いても書き足りないかもしれない。

私は、なんども青森の津田学級を学生や現場の教師たちと訪ねて、授業を見させていただいた。個人的にも何度も教室を訪問させていただき、その夜はきまって津田の自宅に寄せてもらい、二人で教育論を語り合った。作文の会の全国大会が青森で開かれたとき、最終日にねぶた祭りをみるために宿泊場所がない学生が二〇数名、津田の自宅に素泊まりさせていただいたこともあった。

残念ながら、津田八洲男は、二〇〇八年、がんのため亡くなった。四つ年上の兄を失ったようであった。

## Ⅳ ことばは人をつなぐ
### ―黒藪次男『ぼくこんなにかしこくなった』を読む―

初出、『子どもの心の叫びを聞け』(学陽書房、一九九四年)。

黒藪氏の『ぼくこんなにかしこくなった』(民衆社、一九八一年)は、達也くんがことばを獲得していくひとつひとつの過程を丁寧にたどった実践記録である。論文では、事実がことばと結びつく機微を達也くんの生活の意欲性をもとにとらえている。その事実の把握から感情や思いがことばとなって表出されていく発達論をたどっている。同時に、事物や感情を宿した達也くんが、それを表現していくには技術がともなわなければならないことをもおさえている。黒藪氏の達也くんのことばの発達に関した次のような発見は実践者でなければ語れないものである。

「易しいものから難しいものへ、かんたんなものから複雑なものへというコトバの指導の原則は、それだけがひとり歩きするのではない。それは、子どもたちの表現意欲、生活の要求などとむすびついて生かされなければならない。」

私は、その後、子どものことばの発達に関して「母語体験」の重要性を指摘してきたが、そのひとつのイメージは、黒藪氏によって切り取られた達也くんのことばの発達イメージである。

## V 日本作文の会「一九六二年活動方針」をめぐる問題

Vは、単独論文ではなく、本書の編集にあたり、頁数の節約とより問題を理解していただくために、いくつかの論文を組み合わせたものである。「1 綴方における文章表現形体論の問題点」の(1)の初出は、「一九五〇年代生活綴方論の試的検証」(『作文と教育』一九七八年一〇月号)の一部である。「1 綴方における文章表現形体論の問題点」の(2)初出は、「綴方における文章表現形体論の問題点」(雑誌『現代教育科学』一九八二年二月号)である。Vの「2 野名=田宮論争の争点」の原題は「生活綴方教育の今日的課題」であり、初出は、東京大学教育学部教育行政研究室『戦後日本の教育』(一九七七年三月)である。いずれの論文もその後『生活綴方実践論』(青木書店、一九八五年)に収録されている。

私のこの時期の生活綴方研究のひとつの力点は、日本作文の会の「作文教育指導論」の批判的検討である。一九五〇〜六〇年代、日本の民間教育研究運動の一部には、ソビエトの哲学や教育学への事大主義的な態度があった。作文の会だけでなく、他の分野にもソビエトの影響が見られた。私も積極的に参加していたソビエト教育学研究会は、ソビエトの教育理論の積極性を学ぶと同時に、その誤った部分への批判的活動に取り組んでいる。それにしても、戦後の作文教育運動を誤らせた今井の表現形体と認識の機械的な把握に対して、なぜ批判が起きなかったのだろうか。唯一、活字で残っているもので正面から批判したのは大田堯氏や次章であつかう矢川徳光のみであった。

論文は、その後展開された野名=田宮論争の争点を三つあげているが、この論争についても研究者側からのアプローチは弱かったといわなければならない。きわめて冷静にかつ本質を突くコメントをしていたのは、黒藪次男氏である。とりわけ、日本作文の会の活動方針に批判的な立場から、表現指導不要論に近い論調に対して、「無条件に実践的契機を与えることによって現実認識が深まる」と考えるのは経験主義である、という批判はきわめて適切なものであった。

日本作文の会の「六二年活動方針」の表現指導観は、日本の綴方実践研究を大きくゆがめた。たとえば、夏の全国大会の分科会では、黒板に常任委員会が提唱する指導過程が細かく書いてあり、ひとりひとりの実践報告は、その黒板に書かれた指導過程のどこに位置付くのかにあてはめて討論する分科会運営を行っていた。

## Ⅵ　戦後生活綴方の理論的課題
### —矢川徳光の教育理論に学ぶ（覚え書き）—

初出、矢川徳光、五十嵐顕、坂元忠芳、村山士郎編集、『講座・現代教育学の理論　第1巻　現代教育学の理論』（青木書店、一九八二年）論文は、矢川徳光の八〇才を記念して企画された三巻本の第一巻に収録されたものである。


論文では、「子どもをまるごととらえる」という教育学と教育実践の基本命題にたいして、生活綴方が切り開いてきた子どもの内的世界を子どもの側からとらえることの重要性を矢川に即して整理している。

論文は、矢川論文「国分一太郎の思想の貧困　—村山俊太郎と対比して—」の政治主義的論調に対しては批判的に対応しながら、矢川の国分一太郎批判の中心部分をひきとって深めようとしている。それは認識と表現過程における実践的契機の欠落であり、文章表現過程を機械的反映論として理解し、表現指導を模写説によって構成しようとするものであった。その理論は、戦前の生活綴方実践者たちが到達したリアリズム論からはかけ離れたものであった。そのことを矢川は「哲学の貧困」と指摘したのであった。

そこから、論文は、生活綴方実践における「実践的認識論の方法論的意義」について学び、「リアリズム論の再建」を提起している。

この時期、表現における模写説を批判し、リアリズムの確立を論じていた永井潔『芸術論ノート』（新日本出版社）には多くのことを学ばされた。現場の教師たちと学習会を持ったこともあった。

## Ⅶ「推敲後の作品はその子の作品とはみなさない」指導は、推敲指導ではない ―江口季好氏の推敲論への疑問―

初出、村山士郎『現代の子どもと生活綴方実践』（新読書社、二〇〇七年）。

この論文は、江口季好氏の推敲論への疑問から出発している。論文でも述べているように、江口氏は、子どもの表現に指導を加えるが、その指導を加えた後の作品は、その子が自分の力で書いたものとは認められないので、その子の作品とは認めないとのべている。つまり、推敲指導を加えた後の作品は、その子の作品とは認めないとするものであった。私の考えは、その子が書いたものとは認められないような指導は、「推敲指導」とは認められないのではないか、というものであった。

問題はそこで終わるはずであった。ところが、日本作文の会常任委員会の『作文と教育』編集部は、「討論のひろば」を設けて、論争を呼びかけた。それはそれで楽しいことである。

しかし、村山に向けられたのは、「疑問」でも「批判」でもなく、誹謗と中傷に近いものであった。雑誌の読者でもなく、私の文章を読んでいないと思われるお母さんからの抗議の投書もあった。私の文章を誤読・曲解して書いている投稿に対しても、『作文と教育』編集部は、「論争の場合、相手の文の誤読や事実に基づかない批判は訂正を要求し、訂正されたものを掲載する」という最小限のルールすら守らずに、そのまま雑誌に掲載するという無責任ぶりであった。そこには、不誠実な「ゆがんだ意図」を強く感じさせるものであった。

こうした歴史的事実を書き残しておくことも、日本作文の会のなかで二度とこのようなことを起こさせないために意味のあることだと考えている。

## Ⅷ　生活綴方における「ありのまま」とは、生活の事実のできうる限り正確な再現なのか
### ―岩本松子氏の村山批判に答える―

初出、村山士郎『現代の子どもと生活綴方実践』（新読書社、二〇〇七年）。

論文は、岩本松子氏が一冊の本のほぼ全体を使った村山批判への反論である。とはいっても、岩本氏の著作の内実は、批判といえるものではなく、本論文でも丁寧に整理したように、村山論文を意図的に曲解し、岩本氏が勝手に作り上げた「架空の村山論」への意図的な誹謗と中傷となっていた。あまりにも意図的な村山論文の曲解は、度を超しており、そのゆがんだ意図の理解に苦しむ。

しかし、岩本氏の本を読んだある実践者から見ると「村山は徹底的に批判されて反論できない」という感想になり私の所に届き、放置しておくことができなかった。

もうひとつ、岩本氏の主張している表現とは、「事実をできうるかぎり正確に再現すること」とする作文教育の表現観は、岩本氏にのみ特徴的なことではなく、日本作文の会の方針にもとづく指導観に起因していた。岩本氏は、六〇年代日本作文の会常任委員会が主張していた文章表現指導観を大切に保持しており、二〇〇〇年代になってもそれを正直に表明しているに過ぎなかった。その意味で、批判は岩本氏のみに向けられていたのではなく、日本作文の会の一部に根強くあった指導観に向けられていた。当時の文献を読めば、岩本氏と同じ認識と反映の考えが基礎になっている論文は少なくないことがわかる。

## Ⅸ　生活綴方の新時代に向かって

初出、日本作文の会編『日本の子どもと生活綴方の五〇年』（ノエル、二〇〇一年）。

論文は、日本作文の会が戦後結成されて50年の記念論文集の終章として掲載されたものである。この論文集は、作文の会のあゆみをある正しいとされる歴史総括にもとづいて書くのではなく（それは実際には不可能なことであり、多様な見解を保証することにはならない）、共同討論を繰り返しながらも、最終的にはそれぞれの執筆者の歴史観に基づいて書いている。

日本の良心的教師の一つの典型とされた綴方教師たちは、最初から何かずば抜けた力を持っていたわけではない。彼らは、子どもたちが毎日書いてくる日記や作文や詩を読みながら、その生活の喜びや悲しみに背を向けられなかったのではないか。そして、実践の解答を得るために多くの本を読み、教育の良心を踏みにじるものに抵抗していったのではなかったか。

この論文でも、子どものことばの状況についての関心を追っている。そして、その新しい特徴として「感情体験を表すことばを持てない」「識字文化のもとになる口承文化の貧困」「ことばに潜む暴力性」を論じている。この時期に熱心に読んで影響を受けたのは、バリー・サンダース『本の死ぬところ暴力が生まれる』（新曜社、一九九八年）である。

さらに、論文では、言語心理学の新しい研究に学んで、表現活動の各過程が子どもの内部でどのように進行しているのかをあらためて研究していくことを呼びかけている。それは、作文の会で語ってきた「表現各過程」は、教師の指導の各過程であり、子どもの表現活動の各過程ではないからである。

残念ながら「書きことばによる表現活動の発達的特徴と意味」を解明する課題は、その後、大きな進展はない。

## X　教師たちの実践的模索から新たな指導観へ

初出、一・二は、『作文と教育』二〇一〇年一月号、三は、『作文と教育』二〇〇九年、六月号。収録にあたり加筆修正を加えた。

子どもたちの現実が変化し、それにともなって教師たちの実践的模索が追求されている。それは、新人教師であれ、ある程度経験を積んだ教師であれ、同じ課題に直面している。

生活綴方実践においても模索が追求されている。論文では三人の事例をもとにして、新しい指導観の模索をスケッチしている。

栗原さんは、今日の子どもたちが攻撃的になっている背景には追い込まれている生活の不安感や抑圧感があると語っている。その内面のもやもやした感情にことばの形をあたえていくことに生活綴方の意味を見出している。

鈴木さんは、中学生たちと「読み手に向けて書いていない文章」「人に読まれることを前提にしていない文章」を追求している。それは、言い方を変えれば「子どもが自分に向けた真実の声」と向き合うことでもある。

飯塚さんは、子どもは「書かない存在」と思っていた時代があり、そのためにさまざまな指導技術を導入してきた経験があると総括している。しかし、子どもたちの生活の感動がこころの波動に表現を生む源があるということを子どもに教えられたと語っている。

こうした教師たちの実践的模索が、新しい指導観を生み出そうとしている。

栗原さんとは大学の研究室に来ていただき話をたのしくうかがうことができた。鈴木さんとは手紙のやり取りで内容のある交流ができた。飯塚さんとは古くからの友人だがある研究会の講座で指導観の転換のドラマを聞くことができた。そうした交流をもとにしていたためだろう、書いていて楽しくなる論文であった。

## XI　生活綴方実践における詩的表現の可能性

初出、雑誌『作文の教育』二〇〇九年、一は八月号、二は九月号、三の学力の（1）は一一月号、三の（2）は村山士郎『豊かなことば育ちがこころと学力の基礎』である。本書に収録するにあたり、加筆修正を加えた。

津田八洲男、橋本誠一は、以前から「詩の指導を散文の指導より先におこなう」ことことを主張し、実践していた。その意図はどこにあるのかを追求した論文である。

探っていくと、まず第一に、子どものことばの変化、とりわけ、感動ある場面を感情のこもったことばで表現するのができにくくなっていることがあげられる。そこから「喜びや驚きの叫びを表現をさせることを先行させる」ことを求めている。詩こそ感動の場面をとらえることができる。

第二には、子どもたちの閉ざされた感情を引き出すのには、叫びやつぶやきを詩的表現でつづらせることが意味を持っている。そこで、課題になったのは、表現と表出の関係である。実践的には、人間の書きことばによる「表出」は動物の表出などとはことなり、意識性が介在しているので、「表出的表現」として整理している。

最後は、詩的表現をヴィゴツキーの内言論とのかかわりで意味づけようとしている。すなわち、詩的表現は子どもの内言を豊かにしていくという仮説の提起である。

ここで提起した仮説的課題は、まだ、不十分にしか論じられていない。逆に言えば、結論が見えない興味深いテーマである。これからの大切な研究課題であり、現場の実践者との共同研究が必要である。

## XII　現代の子どもと書きことば・表現をめぐる研究課題

初出、『作文と教育』二〇〇五年一月号、その後、大幅に加筆修正して『現代の子どもと生活綴方実践』（新読書社、二〇〇七年）に収録。

生活綴方は多くの教師たちが何の疑問もなくおこなっている指導をあらためて考えると理論的には解明されていないことが少なくない。生活綴方実践は、いまだ、経験の集約されたものにとどまっている。だから、ある指導方法をひとつ組み替えようとしても、理論的根拠が必ずしも固められているわけでないので、ここでも、やはり、経験的に進めていかざるを得ない。そのことが、日本の生活綴方実践の良さであり、実践的経験から生み出されてきたものであるから、価値があるといえる。実践的経験が先行してきたために、多様な実践を生み出してきたのである。これがある理論的枠組みが提示され、それに基づいて教師たちがおこなった実践であったならば、今日のような豊かな作品を生み出してはいなかったであろう。

この論文は、共感的受容論と内言論の学習ノートである。とりわけ、これまでは感情論として考えてきた問題に情動論を組み入れた場合、生活綴方の表現論はどのような意味を持つのかという新たな課題に出会っている。

本巻の「はじめに」でも述べたが、私の生活綴方研究には、「生活綴方の教育学」を構築してみたいという夢がある。その「生活綴方の教育学」を構想する夢は、これからの研究課題として学習していくことを楽しみにしていきたい。

## 終章　若い教師たちへ
### ―生活綴方のすすめ―

終章は、これからの若い教師たちが生活綴方を学んでほしいというメッセージである。

生活綴方の学習は、「作品読みにはじまり、作品読みに終わる」。だから、若い教師のみなさんが生活綴方を好きになるには、作品をたくさん読むことである。

私は、長年の大学の授業で生活綴方論を系統的に語ったことがない。生活綴方論を語っていくと、それが歴史だったり、哲学だったりするので、学生が生活綴方を好きになれなくなるのではないかと不安であったからである。

しかし、授業では、子どもの作品はたくさん読み合った。一人一人の学生が子どもの作品をたくさん読んで、その中から自分の立てたテーマに即して作品を集め、小さな冊子をつくったこともある。ゼミでは、「子どもの作品で綴る戦後子どもの生活誌」を三冊本をつくったこともある。

私が子どもの作品をどう読んできたかをこの論集にも入れたかったが、誌面の制約で削除しなければならなかった。機会をあらためてまとめてみたい。

●著者略歴

**村山 士郎（むらやま しろう）**

1944 年　山形県に生まれる
1977 年　東京大学大学院教育学研究科博士課程修了、教育学博士。
1980 年　大東文化大学に着任
2015 年　大東文化大学名誉教授
現　在　大東文化大学非常勤講師

主な著書
『ロシア革命と教育改革』（労働旬報社、1980 年）
『生活綴方実践論』（青木書店、1985 年）
『素顔を見せない子どもたち』（大月書店、1988 年）
『豊かさ時代の子どもと学校』（新生出版、1991 年）
『子どもの心の叫びを聞け』（学陽書房、1994 年）
『いじめの世界が見えてきた』（大月書店、1996 年）
『子どもの攻撃性に潜むメッセージ』（柏書房、1999 年）
『ソビエト型教育の形成と学校コミューン』（大月書店、1999 年）
『現代の子どもと生活綴方実践』（新読書社、2007 年）
『いじめで遊ぶ子どもたち』（新日本出版、2012 年）
『子どもたちを再び戦場に送るな』（新日本出版、2014 年）
『村山士郎教育論集（全６巻）』（本の泉社、2015 年）

村山士郎教育論集《むらやましろうきょういくろんしゅう》 第四巻《だいよんかん》

# 生活《せいかつ》を耕《たがや》し、心《こころ》を解《と》き放《はな》つ生活綴方《せいかつつづりかた》

二〇一五年　八月　八日　第一発行

著　者　村山　士郎
発行者　比留川　洋
発行所　本の泉社
〒113-0033
東京都文京区本郷二-二五-六
Tel　〇三（五八〇〇）八四九四
FAX　〇三（五八〇〇）五三五三
http://www.honnoizumi.co.jp/
DTPデザイン：杵鞭真一
印刷　（株）新日本印刷
製本　（株）新日本印刷



ISBN978-4-7807-1226-1　C0037

# 村山士郎教育論集：各巻紹介

この著作集は、現在の子どもの教育のあり方を考える宝庫です。

## 1巻　子ども論・それでも子どもは未来志向

70年代以降、日本の子どもたちは社会生活の激変にともなって劇的な変化をとげました。その子どもたちをどう捉えるかを探求した論文を集めています。

## 2巻　現代の子どもといじめ事件

80年代後半から、つぎつぎといじめ自殺事件が起きるたびに調査をふまえた論文を発表してきました。時代と共に変化するいじめについて、代表的な論文が収録されています。

## 3巻　社会病理としての少年事件

80年代後半から、衝撃的な少年事件が多発しました。その事件の少年少女たちの病理の特徴を解明し、その叫びに共感してきた論文を集めています。

## 4巻　生活を耕し、心を解き放つ生活綴方

生活綴方は、日本の教師たちが生み出した世界に誇る教育方法です。しかし、60年代、形式的・技術主義的な指導に陥りました。それを批判した論文も収録しました。

## 5巻　教師の生き方と教育実践の創造

戦後書かれてきた多くの教育実践記録をどう読むか。そこに、今日の教師たちの方向性を見出すヒントが隠されています。

## 6巻　日本の学校づくりとロシア学校史研究

日本の学校づくり実践研究の諸論文を収録。博士論文のテーマであったロシア・ソビエト研究が日本の教育にとってどのような意味があったのか。

---

全てA5判・上製・280～304頁：本体2500円（＋税）